Corso di Italiano professionale

 Italianosemplicemente........

Sezione 3: Riunioni ed incontri

Lezione 21: **Come esprimere un'opinione**

> *Questo spazio a sinistra può essere utilizzato per scrivere note personali*

1.   Introduzione alla lezione n. 21

Giovanni: Con questa lezione inizia la sezione 3, dedicata alle Riunioni e più in generale agli incontri. In questa sezione affronteremo molti argomenti delicati per il mondo del lavoro perché chiamano in causa, qualità sociali e professionali allo stesso tempo.

Durante   una   riunione   di   lavoro,

solitamente c'è un coordinatore, quindi qualcuno che, come si dice, tiene le fila della riunione, nel senso che ha ben presente il motivo per cui la riunione è stata organizzata e sarà probabilmente lui o lei che parlerà più degli altri. Ad ogni modo durante una riunione tutti i partecipanti generalmente sono chiamati ad esprimere un'opinione, e in questa prima lezione vogliamo vedere quanti modi diversi esistono per esprimere una opinione. Cercheremo di esplorare il mondo delle opinioni il più possibile e probabilmente non riusciremo ad esaurire l'argomento.

Ad ogni modo ci proviamo.

Faremo questo "esercizio" – chiamiamolo così, ascoltando ciò che accade durante una riunione all'interno di un'azienda italiana. Le voci che ascolterete sono di Daria dalla Russia e Andrè dal Brasile, che discutono proprio di quanto è accaduto durante una riunione di lavoro.

Dopo vedremo meglio alcune parti di questa conversazione.

2.   Cinque macro-categorie

Bene, prima di ascoltare la prima parte del dialogo tra Andrè e Daria, iniziamo col dire che quando si esprime un'opinione, faremo molti esempi su questo, si possono fare cinque diverse cose:

Una quinta modalità è quella di fare un'esclamazione di una o due parole come vedremo, molto breve dunque, che dà un semplice segnale a chi ascolta. Un segnale di accordo molto spesso. Ma non sempre.

Tutte le opinioni possiamo inquadrarle, diciamo così, in una di **queste cinque macro-categorie.**

Per ognuna di queste categorie ci sono poi delle diverse modalità, perché ad esempio le intensità possono cambiare, nel senso che quando una persona è d'accordo, ad esempio, può esprimere questo accordo in modo entusiastico oppure in modo più semplice e non emotivo. Può cambiare il contesto: riunione di alto livello o basso livello. Questo solo per fare alcuni esempi.

Inoltre, cosa molto importante, prima di esprimere l'opinione, qualunque essa sia, solitamente (ma non sempre) si pronuncia qualche parola introduttiva.

Ecco, anche questa introduzione, come anche il modo che si usa per esprimere l'opinione, fa la differenza, e in particolar modo questa introduzione serve per dare enfasi, oppure per non offendere le persone, o per usare più o meno delicatezza, o per essere più o meno formali. Vedremo alcuni esempi di queste "introduzioni", molto importanti e sulle quali vi invito a prestare particolare attenzione. Sentiamo Daria e Andrè che faranno due diversi tipi di dialoghi. Il primo tra semplici colleghi, il secondo, che vedremo alla fine, più formale, con gli stessi contenuti ma con un linguaggio un po' diverso.

Sarà questa l'occasione per vedere come esprimere opinioni in contesti diversi, più o meno informali. Vediamo il primo dialogo, quello informale tra due semplici colleghi.

3. Dialogo informale – prima parte

André: Ciao Daria! Sei già tornata in ufficio? Com'è andata la riunione?

Daria: Ciao Andrè! È andata abbastanza

bene, però le aspettative per il prossimo anno sono abbastanza grandi. Al quartier generale si aspettano grandi cose per il prossimo anno sai?

André: In che senso grandi? Mi ricordo che dovevi presentare al quartier generale il nostro piano annuale e **se posso esprimere il mio parere**, è già molto ambizioso. Non lo è abbastanza forse?

Daria: Questo è da vedere, André. **Personalmente sono d'accordo con te**: l'analisi di mercato eseguita dal tuo gruppo per il prossimo anno è molto dettagliata e credibile. E anche il modello che avete creato è molto convincente. Anche in termini di previsioni commerciali **sono pienamente dalla tua parte**.

André: ... **beh allora**... non ho ben capito di quali aspettative stai parlando? Qual è il problema?

Daria: Beh... si valutano i risultati da

un'altra prospettiva al quartiere generale: lì guardano ai risultati operativi per tutti i paesi in cui opera la nostra azienda. Mica uno scherzo!

André: Vuoi dire che se in un certo paese o per un certo prodotto non avremo abbastanza vendite, dovremmo revisionare il piano annuale in corso anno? Magari secondo te dovremmo aumentare le vendite nel nostro paese per sopperire a questo?

Daria: Può darsi. Immagino che sia così. Qualcosa del genere.

André: Ma no...! Non è giusto! Perché dovremmo lavorare per gli altri? E poi, come potremmo spiegare questo ai nostri colleghi?

Daria: Beh, **non mettiamo le mani avanti**, credo che per ora non sia il caso di pensarci troppo. Presto tutti noi dirigenti riceveremo una comunicazione (ci sono voci di corridoio sai...) in cui verremo informati in modo chiaro e tondo che resultati si aspettano da tutti noi.

André: Ne sai qualcosa in più?

Daria: senza **scendere nei dettagli,** posso dirti (sembra sia questa la strada scelta, ma nulla è certo) che tutti avranno meno budget promozionale e operativo di quello programmato in questo caso. La cosa non rallegra affatto neanche me.

André: Allora, aspettiamo la comunicazione. Il primo che la legge chiama l'altro, e poi organizzo io una riunione per discutere i dettagli.

4.   Dialogo   informale – spiegazione prima parte

Giovanni: Bene, questa è la prima parte del dialogo informale tra Daria e Andrè, due dirigenti dell'azienda italiana, che vende abiti da uomo. Questo non l'avevamo detto ancora...

Introduzioni diverse

Finora abbiamo sentito tre diverse modalità:

- se posso esprimere il mio parere.
- Personalmente sono d'accordo con te
- sono pienamente dalla tua parte

Iniziamo da "se posso esprimere il mio parere". Questa è una delle possibili frasi introduttive. Non si è ancora espresso un parere (cioè un'opinione) ma stiamo preparando chi ascolta a ciò che verrà. In questo caso è una frase di cortesia. Esistono molte introduzioni diverse:

- **Per me:** neutra e informale;
- **Secondo me**: meno informale, ma non esattamente formale;
- **La mia opinione è la seguente**: si usa quando si vuole attirare l'attenzione di chi ascolta e quando si sente che la propria opinione è importante;
- **secondo il mio punto di vista:** precede una opinione espressa in modo

modesto, e emerge la non volontà di imporre il proprio parere. Ancora più modesto è...

- **secondo il mio modesto parere:** appunto. Il parere è modesto, cioè non ha pretese di essere il migliore. Non ha le pretese di essere un ordine, o un parere più importante degli altri. Ma spesso si dice ironicamente, proprio per sottolineare l'autorità, l'importanza di chi parla;

- **a mio parere:** più semplice e diretto. Abbastanza informale ma non troppo;

- **a mio giudizio:** più o meno uguale, ma il giudizio è qualcosa di più forte solitamente; la parola giudizio dà autorità;

- **Vi dico la mia:** molto semplice ed informale. "La mia" vuol dire "la mia opinione". È lo stesso ma più informale che dire: vi dico la mia opinione, vi dico la mia idea, vi dico cosa ne penso;

- **Ecco come la vedo io:** questa è

anch'essa molto informale: "ecco come la vedo" – posso anche omettere "io";

-       **Mi permetto di esprimere il mio parere in merito**: questa è una modalità certamente molto formale e cortese;

-       **Mi sia consentito di esprimere il mio parere:** ancora più formale. Badate bene che questo tipo di espressioni, benché formali, sono possibili sono all'orale per come sono costruite;

-       **Ecco la mia opinione spassionata:** questa è una modalità informale che abbiamo già visto nella lezione n. 6, quando parliamo di sincerità ed equilibrio. In effetti questa è una simpatica modalità per esprimere una opinione sincera. Vi consiglio di dare un'occhiata alla lezione n. 6 perché è ricca di espressioni di questo tipo. L'opinione spassionata viene usata anche in questo episodio come vedremo.

Poi Andrè e Daria hanno usato anche

alcune espressioni che rientrano nella **quinta** categoria, quella delle esclamazioni brevi:

- **Beh** – Questa esclamazione, da usare informalmente, precede opinioni che sono dei punti di vista, delle semplici osservazioni. Daria dice: Beh, non mettiamo le mani avanti: cioè non anticipiamo il futuro, che è una formula per esprimere cautela, un invito a non essere troppo pessimisti. Mettere le mani avanti si usa per dare l'immagine che quando si sta per cadere ci si protegge con le mani per non farsi male. In pratica mettere le mani avanti è la formula contraria a "vendere la pelle dell'orso prima che sia morto", che se ricordate l'abbiamo vista nella lezione n.11 (rischi e opportunità);

- **Ma no...!** Esclamazione secca, evidentemente di dissenso. Questo significa che non si è d'accordo. La forza del disaccordo dipende un po' dal tono che si usa;

- **Può darsi:** esclamazione di dubbio. Modi analoghi (ma che non sono delle esclamazioni) sono: ci sono delle possibilità, potrebbe darsi, forse, e chi lo sa? (molto informale questa ed anche ironica!).

Comunque vediamo cosa succede il giorno dopo. Andrè e Daria si incontrano di nuovo. L'atmosfera è tesa perché stanno per ricevere una comunicazione importante dal loro quartier generale.

5. Dialogo informale – seconda parte

Un'opinione spassionata

André: Ciao, Daria, finalmente ho ricevuto la famosa comunicazione del piano annuale per il 2019. L'hai letta?

Daria: ha, sì? No, non ho scaricato la posta ancora... dai, non tenermi sulle spine, che dice?

André: Meglio che te lo spieghi con calma Daria... Vorrei discuterne con te in privato prima della riunione. Ci sono dei margini di manovra, due varianti diverse che potremmo escogitare per risolvere il problema.

Daria: Okay, così ti darò **la mia opinione spassionata**, come al solito!

André: Dunque, com'è stato scritto nell'email, il quartier generale, avendo alcune incertezze sulle previsioni, vuole che nel 2019 aumentiamo le vendite del venti percento...

Daria: Ah, una leggerissima variazione... scusa l'ironia...

André: Già! Te lo ricordi che nel 2018 abbiamo realizzato solo il 95% degli obiettivi vero? Perché (così pare) il mercato è saturo...

Daria: La mia opinione in merito è quella che anche il mercato si sviluppa vivacemente. Per l'anno prossimo il nostro concorrente principale ha già lanciato un nuovo prodotto e quest'anno aspettiamo gli altri due concorrenti. Nello stesso tempo, il reddito pro-capite mondiale non cresce e la gente risparmia su tutto. **A mio parere** è già molto ambizioso il piano. 20% in più? Ma scherziamo?

Interessante!

André: Infatti! Ecco perché ho

programmato solo il 5% di incremento verso il 2018.

Daria: Comunque, hai idee per farci crescere del 20 anzi del 25 percento?

André: sì e no... non ho una vera risposta pronta. Per far tornare i conti, di alternative ce ne sono due: o diminuire le spese oppure aumentare le vendite.

Daria: D'accordo. Tutte le varianti passano tra queste due alternative quindi? Ma la crescita?

André: Daria, **a dire tutta la verità** devi capire che nel nostro caso è impossibile crescere del 25 percento solo tagliando le spese di gestione come viaggi, bonus trimestrali, acquisti di alcuni servizi... al limite potremmo lasciare meno margine di guadagno ai nostri distributori...

Daria: A questo sono contraria,

non possiamo toccare il margine di utile dei nostri distributori. Altrimenti si rifiuteranno di lavorare con noi.

André: mmmm. Temo che non ce la caviamo senza un rimedio veramente energico. Ho valutato che in aggiunta della riduzione delle nostre spese, per raggiungere l'obiettivo dovremmo anche licenziare un lavoratore su 10…

Daria: aspetta, aspetta! Andiamoci piano. Si tratta di nostri colleghi, persone che hanno famiglie e figli, non possiamo semplicemente lasciarli andare così su due piedi. E poi, il loro lavoro non serve?

André: Hai un'altra soluzione?

Daria: veramente ce l'avrei pure, ma non so…. Ho sentito che invece di licenziare i collaboratori, i dirigenti di un'azienda avevano proposto ai lavoratori una riduzione dello stipendio, la chiamano "solidarietà". Hanno quindi effettuato una votazione in segreto tra i dipendenti con due varianti. La solidarietà ha avuto la meglio sulla riduzione del personale.

André: **interessante**! Si tratterebbe di una soluzione abbastanza semplice seppur dolorosa. Non so, bisogna vedere se gli altri dirigenti troveranno interessante quest'idea.

Daria: Visto che sono stata interpellata, potremmo almeno fargli la proposta...

André: **sono d'accordo**, allora aggiungo questa variante al mio modello. Adesso ti vorrei salutare perché ci sono solo due ore prima della riunione. Vorrei riuscire a farlo nel tempo.

Daria: Buona fortuna, André, ci vediamo alla riunione!

André: Ciao, Daria! A presto!

6. Dialogo informale – spiegazione seconda parte

Giovanni: Allora, in questa seconda parte da notare alcune espressioni usate per dare opinioni.

Già!

Dare un'opinione spassionata, espressione che abbiamo già spiegato nella lezione n. 6 del corso dedicata alle frasi sulla sincerità e l'equilibrio. Un'opinione sincera, quindi, data con passione.

Più tardi André, per confermare quando detto da Daria usa "**già!**":

"**Già!** Te lo ricordi che nel 2018 abbiamo realizzato solo il 95% degli obiettivi vero?"

Cioè proprio così, esattamente, hai ragione. È un segnale di conferma, di assenso, diverso quindi dal "già" usato per esprimere un'anticipazione rispetto al tempo: sono già arrivato, sei già qui eccetera. In questo caso c'è il punto esclamativo: Già! Cioè Ok! Va bene, infatti, ma è più informale.

Più formalmente diremmo: esattamente, proprio così, confermo.

Poi Daria dà, fornisce "la sua opinione in merito", e "a mio parere", modalità che rientrano, come abbiamo già visto prima, tra le frasi introduttive.

Andrè e Daria, nella seconda parte del dialogo usano frasi diverse per confermare, mettere in dubbio o negare l'opinione dell'altro:

-       **Infatti:** con infatti si conferma ovviamente

- **D'accordo/sono d'accordo:** il modo migliore per concordare con l'interlocutore.

- **Sì e no:** un modo per esprimere un dubbio, o comunque di presentare pro e contro di una proposta;

- **A dire tutta la verità:** con questa frase si vuole aggiungere qualcosa di importante per rendere completa un'informazione;

- **Sono contrario/a:** abbastanza secca come risposta ma molto efficace per esprimere un disaccordo;

- **Interessante:** sicuramente un modo per esprimere un accordo che necessita di ulteriore approfondimento.

7. Dialogo formale

Giovanni: Dunque adesso proviamo a vedere lo stesso dialogo ma più formale. Si dà del lei all'interlocutore e si usano modalità più formali. Questa che ascolterete quindi rappresenta naturalmente solo uno dei possibili modi per essere meno confidenziali.

André: Buongiorno dottoressa. Già tornata dall'ufficio? Com'è andata la riunione?

Daria: Buongiorno! Abbastanza bene, **ad ogni modo** per il prossimo anno pare ci siano **elevate** aspettative da parte del quartier generale lo sa?

André: grandi aspettative dice? Ricordo che lei doveva presentare al quartier generale il piano annuale e, **se mi è permesso esprimere un parere personale**, è di per sé alquanto ambizioso. Forse dovrebbe esserlo ancor di più?

Daria: La mia personale opinione è

che nulla è da considerare un dato di fatto. **Personalmente concordo pienamente con la sua versione**: l'analisi di mercato eseguita dal suo gruppo per l'anno prossimo è molto dettagliata e credibile. E anche il modello che avete creato appare molto convincente. Anche in termini di previsioni commerciali ha il mio pieno **consenso e appoggio**.

André: ... in questo caso... non ho ben capito di quali aspettative si stia parlando? Dove risiede il problema?

Daria: **Credo si possa dire** che al quartiere generale si valutino i risultati da una prospettiva propria: i risultati operativi ai quali si presta attenzione sono quelli complessivi, per tutti i paesi in cui opera la nostra azienda. E' un modello abbastanza complesso.

André: **Intende dire** che se in un

dato paese o per un determinato prodotto non ci saranno sufficienti vendite, saremo costretti a **revisionare** il piano annuale in corso d'anno? Una soluzione, secondo il suo punto di vista, potrebbe essere quella di aumentare le vendite nazionali **al fine** di sopperire alle perdite?

Daria: questa rappresenta una possibile valida soluzione secondo il mio punto di vista.

André: Non credo però che questa rappresenti una strategia adatta, almeno da un punto di vista della parità di diritti e doveri tra lavoratori. Probabilmente non sarebbe neanche così semplice comunicarlo in modo indolore ai nostri colleghi.

Daria: Credo che non sia il caso di **anticipare troppo i tempi**. Forse è bene non dedicare troppe energie in scenari così negativi. Noi dirigenti saremo probabilmente informati ufficialmente (questo almeno stando alle voci) ed in modo chiaro riguardo ai nostri risultati attesi.

André: Conosce qualche dettaglio in più?

Daria: posso dirle (pare sia questa la via intrapresa, ma **non c'è ancora certezza alcuna**) che ognuno avrà un budget inferiore rispetto a quanto programmato. **L'indiscrezione**, se rispondesse al vero, non sarebbe affatto una buona notizia, neanche per la **sottoscritta**.

André: restiamo in attesa della comunicazione **in tal caso**. Teniamoci aggiornati l'un l'altro, dopodiché organizzerei io una riunione per poter discutere i dettagli dell'operazione.

Seconda parte

André: Buongiorno dottoressa, finalmente ho ricevuto la comunicazione del piano annuale per il 2019. Lei ha avuto modo di leggerla?

Daria: Bella notizia. No, non ho ancora avuto modo di controllare la posta... Mi dica pure.

André: Bene, credo sia il caso di parlarne in privato senza fretta prima della riunione di gruppo. Esistono dei margini di manovra, due possibili varianti utili a uscire dall'impasse.

Daria: Ottimo, così potrò **esporre il mio punto di vista come di consueto.**

André: Opinione del quartier generale è che le incertezze sulle previsioni richiedono un venti percento in più di vendite da parte nostra…

Daria: Non è esattamente poco… scusi l'ironia…

André: Concordo pienamente. Ricorda che nel 2018 abbiamo realizzato solamente il 95% degli obiettivi? Il motivo è probabilmente da **imputare** alla **saturazione** del mercato…

Daria: In merito, **potrei aggiungere una personale riflessione**: il mercato è in continuo sviluppo. Per l'anno venturo è già avvenuto il lancio di un nuovo prodotto da parte del nostro principale concorrente sul mercato, e l'anno corrente aspettiamo anche le mosse di altri due concorrenti. Allo stesso tempo, il reddito pro-capite mondiale non dà segni di crescita e le aspettative negative favoriscono il risparmio e non i consumi. Pertanto il piano appare molto ambizioso. Un'eccessiva richiesta, immotivata e irrealistica.

André: Concordo. Non a caso le mie stime sono di un + 5% rispetto il 2018.

Daria: Ad ogni modo, sarebbe opportuno provare a trovare **una linea d'azione credibile** per poter raggiungere un 20-25 percento di crescita. Idee?

André: Per ora è possibile solamente **indicare due strade praticabili** per non andare in passivo: meno spese oppure maggiori vendite.

Daria: D'accordo. E al fine di favorire la crescita?

André: dottoressa, **in tutta sincerità** devo dirle che una crescita del genere non è realisticamente possibile solamente agendo sulle spese di gestione, come viaggi, bonus trimestrali, acquisti di alcune tipologie di servizi e via discorrendo... una soluzione potrebbe essere ridurre l'utile della distribuzione...

Daria: **Non ritengo sinceramente** che questa rappresenti una via percorribile. Sarebbe a rischio la loro collaborazione e potremmo perdere i distributori.

André: **nostro malgrado**, temo occorra ricorrere ad un rimedio radicale e doloroso. Da quanto risulta da alcune analisi personali, oltre alla riduzione delle spese, ai nostri fini sarebbe sufficiente una riduzione di un decimo del personale...

Daria: La soluzione da lei proposta è semplice ma le conseguenze sociali **non sono trascurabili**. Il fattore umano è da sempre stato al centro della nostra politica aziendale. Dovrebbero inoltre essere valutate le conseguenze in termini di produzione.

André: Al riguardo lei ha altre proposte?

Daria: La risposta è affermativa, sebbene non ancora ben definita. L'esempio viene da un'azienda che ha proposto ai suoi dipendenti una riduzione della retribuzione. La denominazione dell'operazione sembra sia "solidarietà". Sembra ci sia stata una votazione segreta tra i dipendenti, che hanno preferito **optare per questa soluzione** rispetto alla riduzione di parte del personale.

André: interessante! Questo potrebbe essere un buon esempio da seguire, sebbene comunque doloroso.

Dovremo consultare l'intera classe dirigente per poterne **valutare** l'effettiva validità.

Daria: Bene, che ne dice di preparare il comunicato?

André: concordo con lei dottoressa. Non mi resta che aggiungere la variante al mio modello. Bene, per il momento la devo lasciare: mancano solamente due ore prima della riunione.

Daria: Ottimo, dunque appuntamento in riunione

André: Buona giornata, dottoressa.

8. Esercizio di ripetizione

Giovanni: Facciamo ora un breve esercizio di ripetizione:

- Per me - Secondo me - A mio parere
- Se posso esprimere il mio

parere

- La mia opinione è la seguente

- Secondo il mio modesto parere

- Per come la vedo io

- Mi sia consentito di esprimere il mio parere

- Il mio parere in merito è...

- Desidero esporre il mio punto di vista

- In tutta sincerità

- La risposta è affermativa

- Bene, concordo pienamente

- Sono dalla tua parte

- Sono d'accordo con te

- Concordo con lei

- Può darsi - Può essere

- Ci devo riflettere

- Non saprei

- Sono contrario

- Mi permetto di dissentire

- Non sono del tutto d'accordo

- Ci sono alcuni punti su cui rifletterei

- Il mio parere è contrario

Grazie a tutti dell'ascolto e grazie a **Daria** ed **Andrè** per il loro aiuto. Ci vediamo alla lezione n. 22

Un piccolo gruppo di membri dell'associazione Italiano Semplicemente durante la prima riunione ufficiale in Brasile

1. Introduzione

Giovanni: Benvenuti in questa lezione, la numero 22 del corso di Italiano Professionale, dove parleremo del concetto di "gruppo".

Siamo nella sezione 3 del corso, chiamato "**riunioni e incontri**", e necessariamente per fare una riunione o un incontro c'è bisogno di più persone.

Allora vale la pena approfondire il concetto di gruppo.

Quanti modi ci sono per parlare di un insieme di persone?

Vi dico subito che la lingua italiana da questo punto di vista è molto ricca, e se esistono più modi per descrivere un gruppo di persone c'è sicuramente un motivo. Qual è?

Beh, sicuramente uno di questi motivi è il motivo per cui si riuniscono queste persone. Parliamo di lavoro, quindi si tratta di questo, ma si può trattare di incontri più o meno importanti, di diversi uffici, società, o persone dello stesso ufficio eccetera.

Un altro motivo di distinzione è se facciamo parte o meno di questo gruppo, e qui entra in gioco anche l'opinione che abbiamo di queste persone. Sono persone che stimiamo oppure no?

Fondamentalmente quest'ultimo è ciò che conta di più e che fa la differenza tra un nome e l'altro. Ma iniziamo a vedere insieme.

Riunioni periodiche e professionali

2. Il GDL e la Task force

Il gruppo di lavoro. Questo nome è uno dei più in voga negli uffici italiani.

Spesso si parla di gruppi di lavoro, una definizione neutra dal punto di vista del giudizio, ed infatti il gruppo di lavoro, o GDL, come si usa spesso chiamare anche all'interno dei documenti prodotti dal gruppo, è un gruppo di persone che si riunisce per un obiettivo specifico.

In ambito aziendale si ha la formazione di un gruppo di lavoro quando persone appartenenti ad enti diversi, o con professionalità diverse, si riuniscono ed operano assieme in maniera coordinata per affrontare e risolvere un problema specifico che non sarebbe risolvibile singolarmente dai singoli componenti o dalle loro funzioni aziendali di appartenenza.

Molto professionale dunque utilizzare il gruppo di lavoro per definire un insieme di persone che si riuniscono periodicamente, per un certo periodo di tempo per affrontare una specifica situazione. Le riunioni sono periodiche ed in genere c'è un coordinatore. La figura del coordinatore è importante perché è colui o colei che riunisce i membri, che manda le e-mail a tutti i membri per le convocazioni degli incontri eccetera.

Possiamo parlare di un gruppo di lavoro per decidere una strategia di mercato ad esempio.

Anche la **Task force** si usa spesso in Italia per identificare dei gruppi sempre temporanei, che vengono formati per affrontare un problema specifico. Non saprei distinguere il gdl dalla Task Force, se non forse perché quest'ultima è creata per problemi improvvisi, che vanno risolti in maniera urgente e che non si possono affrontare efficacemente con la normale struttura organizzativa, ma bisogna mettere insieme energie e persone di diversi uffici e competenze.

Io direi che la Task force è anche usata, come nome, in casi più seri, con problemi importanti, oltre che urgenti, e chi ne fa parte ha anche una caratteristica importante: ha capacità decisionale e indipendenza, e non deve richiedere il consenso o il permesso continuo di altri organismi.

La coalizione si basa sulle idee

3. Holding, trust e coalizioni

A livello professionale, sono molto diffuse le *holding* e le *trust*.

Nel caso delle holding, si tratta di un gruppo societario, una società finanziaria. Qualcosa di molto ufficiale quindi e che riguarda le società. Non sono raggruppamenti di persone ma di società.

Lo stesso vale per le *trust*, una coalizione di imprese. Il termine **coalizione** però è interessante.

Le coalizioni possono riguardare persone o gruppi, quindi anche aziende società eccetera.

Esiste anche il verbo **coalizzarsi**, che spesso si usa per le imprese, ma si può usare anche per le persone.

Coalizzarsi ha a che fare con gli accordi. Chi si coalizza fa accordi, si mette d'accordo, stringe degli accordi, e così facendo forma una coalizione.

In un ufficio anche dei colleghi possono coalizzarsi al fine di raggiungere un obiettivo comune. La cosa non necessariamente dà origine a riunioni ed incontri. Per coalizzarsi basta la volontà, basta esprimere una opinione. Se più persone parlano, anche in un corridoio, e vedono che la pensano allo stesso modo, possono decidere di portare avanti un'azione comune con un obiettivo.

I colleghi possono coalizzarsi contro il dirigente.

I sindacati dei lavoratori sono coalizzati contro il governo

In ogni caso c'è un'alleanza. Una coalizione è un'alleanza.

Cosa succede, vi siete tutti coalizzati contro di me?

4. La compagine

Passiamo adesso alla **compagine**.

Il termine compagine indica ugualmente un gruppo che può essere composto anche di persone.

Il termine indica elementi (come le persone) che hanno qualcosa in comune, e questo qualcosa solitamente appartiene all'ambito lavorativo e professionale. La compagine forma una struttura unica e le sue parti sono strettamente connesse tra loro, ma le compagini non si creano per fare le riunioni.

Possiamo parlare di una **compagine governativa** ad esempio. Si tratta di persone che rappresentano il governo.

Esiste la **compagine dei giocatori**, che è esattamente la

squadra di calcio. Questi giocano, non si riuniscono attorno ad un tavolo.

Possiamo parlare di compagine societaria, che rappresenta solitamente i proprietari dell'azienda.

Se però si organizza un incontro in un luogo, che può essere un ministero o un ente pubblico o privato, a questo incontro possono partecipare diverse **compagini**. Quella governativa, ad esempio, oppure una compagine aziendale, un insieme di persone che lavorano per un'azienda specifica che sono state scelte da quest'azienda per partecipare alla detta riunione.

Insomma, la compagine ha qualcosa in comune e questo qualcosa è solitamente la loro professione, la struttura a cui appartengono e non un obiettivo da raggiungere.

La parola compagine pertanto non ha niente di positivo o negativo di per sé, ed è molto usata in ambienti lavorativi.

5. Compagnia, società, squadra

A proposito di lavoro.

Quando parliamo di società, solitamente si parla di un insieme di individui, di persone. Pensiamo alla società civile o alla società industriale. Questo è un nome per chiamare un insieme di persone, ma persone non ben identificate con nome e cognome, ma si vuole indicare un assetto particolare, un funzionamento, una caratteristica particolare di questo gruppo di persone: una gerarchia, ad esempio, delle leggi, un modo di operare, un particolare livello di sviluppo raggiunto, un particolare momento storico: la società feudale, la società moderna, antica eccetera.

Ma la società è anche un gruppo di persone ben identificate: una società sportiva, una società letteraria. Sono tutte "organizzazioni" di persone che si riuniscono per cooperare a un fine comune.

Anche le "**società per azioni**", o le "**società di capitali**", hanno un fine comune, legato in questo caso al guadagno economico, al profitto. Anche queste sono composte da persone precise, ben identificate.

La "**compagnia**" è un altro termine interessante.

Dal punto di vista del lavoro, la compagnia può essere una società o un'impresa. Pensiamo alla **compagnia di assicurazioni**, o la **compagnia aerea**, (come Alitalia) che sono imprese, aziende vere e proprie costituite a scopi commerciali.

La parola viene da "compagno", che è simile ad amico, ma nel lavoro è più simile a "socio" piuttosto che amico.

La parola "compagnia", comunque, si usa molto anche a livello informale, nel linguaggio quotidiano, poiché ha a che fare con l'amicizia e la vicinanza.

Basti pensare alle frasi "**fare compagnia**" (perché non mi fai compagnia mentre aspetto?) "**tenere compagnia**" (come fare compagnia) "**una piacevole compagnia**" (se uscite con degli amici simpatici), un "**animale da compagnia**" (un cane ad esempio).

Al lavoro, se c'è una riunione, difficile però usare la parola "compagnia". Posso al limite dire:

Alla riunione all'inizio ero solo, poi si sono uniti Paolo e Giuseppe che mi hanno fatto compagnia mentre spettavo gli altri.

Quindi una compagnia non è un gruppo di lavoro ma una vera azienda, oppure un gruppo di persone unite in un'associazione. Potremmo dire ad esempio che la compagnia di Italiano Semplicemente si riunisce a settembre in Puglia, e così dicendo, usando questo termine voglio sottolineare la vicinanza tra i membri, anche affettiva, e in questo caso non professionale.

6. I comitati e i circoli di qualità

Passiamo ai comitati.

Simili ai gruppi di lavoro, ma c'è

qualche differenza: il comitato spessissimo è permanente e anche più ufficiale. C'è un'elezione ogni volta per decidere chi ne deve far parte.

Il comitato si riunisce periodicamente come il GDL, ma a cosa serve un comitato? Gli interessi, cioè gli obiettivi di un comitato sono generalmente pubblici, cioè che riguardano la collettività, la popolazione in generale.

Ad esempio, un comitato che si occupa della **salute dei cittadini**, un altro che si occupa dei **consumatori** e dei loro interessi, un **comitato regionale**, uno **etico**.

A livello professionale potrei parlare del "**comitato di valutazione**", che è un gruppo di persone che viene nominato, eletto all'interno di un ente pubblico ad esempio, e che deve valutare, giudicare altre persone.

E' interessante che il nome derivi dai verbi **affidare e incaricare**. Quindi il comitato viene incaricato, e da questo si comprende l'importanza.

La cosa da ricordare maggiormente è che lo scopo del comitato è solitamente altruistico, quindi può anche raccogliere fondi, denaro, a questo scopo.

I cosiddetti "**circoli di qualità**" invece riguardano solamente l'ambito professionale e lavorativo. Questi circoli sono ugualmente gruppi di persone utilizzati dalle aziende per risolvere dei problemi e quindi migliorare la qualità.

Quindi simili alle **task force** che però sono più di emergenza per risolvere problemi, mentre i circoli di qualità puntano al miglioramento di aspetti specifici, come la comunicazione tra i dipendenti.

7. La comitiva, la brigata, il seguito.

Eccoci arrivati alla comitiva. Termine per niente professionale questo.

La comitiva si usa per gli amici quando sono in gruppo. Niente di ufficiale, dunque, ma solo una "**brigata**" di amici, di compagni.

Perché usare la parola comitiva? Non c'entra nulla col gruppo di lavoro, le task force e i comitati naturalmente.

È solo un gruppo di amici, una compagnia di persone che vanno da qualche parte insieme. Un autobus di turisti spagnoli a Roma forma una comitiva di spagnoli, che si trova a Roma per un viaggio turistico. Comunque, solitamente è anche un gruppo di amici che si frequentano spesso.

Dov'è tuo figlio? È uscito con la comitiva di amici?

La **brigata** è più militare come termine, ma si usa ugualmente per i gruppi di amici che si divertono insieme.

La parola comitiva si usa anche quando più persone accompagnano una persona importante. Si dice in questi casi che questa persona ha portato con sè la sua comitiva, oppure che è arrivata col suo "**seguito**" (attenti all'accento).

Solo le persone importanti hanno **un seguito** di persone, persone che lo accompagnano di persona, fisicamente, e che sono "al suo seguito".

In modo dispregiativo a volte è chiamato "**codazzo**", come ad indicare una coda di persone che sta sempre dietro, segue il capo, così come la coda sta dietro al corpo degli animali.

8. La Combriccola e la cricca

Quando un gruppo di persone non sta insieme per un motivo preciso, spesso, anche in modo dispregiativo, si usa il termine combriccola.

Non è professionale ovviamente, ma se sentite dire che alla riunione ha partecipato una combriccola di persone, allora non è un complimento per queste persone. Gli obiettivi della combriccola sono equivoci, sicuramente non meritano una lode, un complimento. Compagnia e brigata sono vicini sicuramente come significato. Comitiva dà più il senso del gruppo, compagnia dell'amicizia, brigata del divertimento. Combriccola invece più il senso dell'obiettivo poco chiaro e a volte disonesto del gruppo.

Altrettanto dispregiativo è il termine "cricca" ma non sempre.

"Stasera esco con la mia cricca di amici"

Questo significa che gli amici sono molto uniti tra loro. Ma i giornalisti usano la cricca spessissimo per indicare gruppi di persone che fa affari in modo illegale.

"La cricca delle multe": è stata chiamata così una organizzazione criminale che aveva come obiettivo annullare le multe.

"La cricca della benzina" invece è un altro gruppo di persone che fa affari (illeciti ovviamente) sulla vendita della benzina e dei carburanti in generale.

Quando si dice che alcune persone

"appartengono alla stessa cricca" non è una bella cosa neanche questa. Non si tratta di un gruppo di amici, ma di persone che stanno insieme per fare qualcosa che gli dia un vantaggio a discapito di altri. Questo è il problema!

Numerosità e movimento

9. Frotta e schiera

Simile alla comitiva ed alla combriccola è la **frotta**, ma qui entriamo nella numerosità. Non c'è illecito qui però.

Una frotta di... Significa un numero molto numeroso di persone che sta, tra l'altro, in movimento. Si usa con gli animali spesso, quando si spostano, ma in modo dispregiativo anche con le persone.

Quindi non si usa nelle riunioni ed incontri di lavoro, ma se volete potete dire:

Una frotta di avvocati è entrata nella sala riunioni.

Quindi si tratta di molti avvocati, un raggruppamento indistinto di persone che fanno quella professione, ma potrebbe essere chiunque, e non si ha una grande stima degli avvocati se parliamo in questo modo.

Simile è "**schiera**". Non c'è più il movimento qui, ma solo il numero elevato, ma la schiera, oltretutto, è schierata. Sia il termine schiera che il verbo schierarsi sono entrambi militari come origine.

Gli eserciti si schierano, si allineano, è fatto da persone che si mettono in fila. Ma parlando di persone qualsiasi, se compongono ad una schiera, allora sono tutte simili, sono un gruppo omogeneo. L'esercito deve dare solo dare l'idea. Un gruppo schierato è un gruppo che ha la stessa idea, che può essere politica ad esempio. In genere quando si usa il termine schiera ci sono sempre diversi interessi contrapposti, e le persone di un gruppo possono schierarsi da una parte o dall'altra. Ad ogni modo una schiera è un insieme di persone, e queste hanno una medesima idea o sono dello stesso tipo.

Posso quindi parlare di una **schiera di avvocati**, o una **schiera di persone** che si presenta ad un concorso: molte persone, molti avvocati. Niente a che fare con un gruppo organizzato.

Alla riunione è arrivata una folta schiera di funzionari pubblici.

Gruppi contrapposti

10. Fazione

Non ha niente a che fare con i gruppi di lavoro neanche la parola fazione, che si usa ogni volta che ci sono gruppi contrapposti di interesse. Quindi come schiera, in qualche modo, ma la schiera di persone è un gruppo numeroso di persone accomunate da una professione o da un'idea. Invece la fazione è solo un gruppo di persone, che può esser anche un gruppo poco numeroso. Sicuramente ci sono almeno due fazioni ogni volta. Ogni fazione ha bisogno di un avversario da battere.

Quindi, se proprio dobbiamo parlare di incontri di lavoro, se ad un certo punto non si raggiunge un accordo su una decisione, possiamo parlare di due o più diverse fazioni, gruppi contrapposti, che hanno idee diverse.

Ma la fazione è un termine abbastanza forte; si usa in politica per indicare chi sostiene un'idea o un'ideologia anche.

Si sente spesso parlare di "fazione opposta" per indicare il gruppo di persone che ha idee opposte ad un altro. Quindi le fazioni generalmente fanno la guerra, lottano tra loro. Come le "**opposte fazioni di tifosi**" nel calcio, ad esempio.

Gruppi disomogenei e piccoli

11.   Manipolo ed accozzaglia

Vediamo adesso il peggio del peggio. Se volete proprio parlar male di un gruppo, allora ci sono dei termini adattissimi. Fuori dal contesto lavorativo possiamo iniziare dal manipolo e dall'accozzaglia.

Sono veramente dei brutti termini questi.

Il manipolo si usa spesso in senso negativo ma a volte si usa per indiare un piccolo gruppo di persone (manipolo viene da mano, quindi come se questo gruppo entrasse in una mano, quindi si tratta di poche persone) anche in senso positivo: la cosa che conta è che siano poche.

Un manipolo di giovani ha rapinato una gioielleria.

L'associazione è stata creata da un manipolo di appassionati della lingua italiana.

Dobbiamo ringraziare solo un piccolo manipolo di persone.

Su **accozzaglia** invece non c'è dubbio: un gruppo di persone messe insieme senza un motivo preciso. Molto sgradevole come concetto.

Quindi posso parlare di un manipolo di brave persone che sono riuscite a portare avanti gli obiettivi di un gruppo di lavoro e possiamo parlare anche di un gruppo di lavoro che non è riuscito a concludere nulla perché in realtà si trattava di una accozzaglia di persone che non avevano in realtà obiettivi comuni.

Un po' messe a caso diciamo. In modo formale si potrebbe chiamare un gruppo disomogeneo.

La credibilità di un gruppo

12. Gruppo raffazzonato, raccogliticcio o improbabile

Simile ad accozzaglia è "**gruppo raffazzonato**". Un'accozzaglia di persone in effetti è un gruppo raffazzonato, e il suono della parola dà indicazioni sul sentimento che si prova verso queste persone. Si tratta di persone scelte a caso, anche qui un gruppo disomogeneo, che non arriverà da nessuna parte. Un gruppo così non è credibile, non può raggiungere risultati.

Molto informale come termine. Al lavoro si usa anche per i documenti e i lavori, quando contengono informazioni poco chiare, che sembrano messe insieme un po' casualmente. Un **lavoro**

raffazzonato è completamente da rifare. Se parliamo di gruppi si parla anche di **gruppo raccogliticcio** quando è formato velocemente, raccogliendo le persone senza troppa attenzione.

Un gruppo raccogliticcio è scadente. Anche un lavoro può essere raccogliticcio, e questo accade quando è pieno di cose che non vanno, cose messe insieme, raccolte da qualche parte e messe insieme senza ordine e approfondimento.

Un discorso raccogliticcio è ugualmente un insieme di frasi messe insieme senza una logica e quindi scadente.

Il termine **improbabile** invece è interessante perché quando si parla di gruppi e di storie ha il significato di poco credibile o accettabile.

"Un gruppo improbabile di persone"

indica persone poco credibili, che stanno insieme con difficoltà e che non si riesce a credere come mai facciano parte dello stesso gruppo.

Un modo non volgare ma molto adatto se si vuole qualificare in modo negativo un gruppo che non ci piace.

Raffazzonato sarebbe un insulto tropo grave, e lo stesso vale per raccogliticcio o accozzaglia. Non vi auguro comunque di far parte di un gruppo improbabile.

Spazio per appunti

Lezione 23: Dubbi e chiarimenti

Esprimere dubbi e chiarimenti in modo informale e formale

Lezione n. 23 del corso di Italiano professionale. Oggi parliamo di dubbi e precisamente come esprimere dei dubbi nel mondo del lavoro e anche come fornire chiarimenti in merito a dubbi.

Esiste già una lunga lezione che riguarda i dubbi, se ricordate, in cui si è parlato del linguaggio dei dubbi. Vi invito a dare un'occhiata. Quello che non è stato approfondito abbastanza però è il linguaggio formale, diciamo professionale, relativo ai dubbi.

I dubbi sono una materia abbastanza complicata, spinosa direi, perché quando si esprime un dubbio, si può anche offendere se non si usano le parole giuste. La stessa cosa avviene quando si risponde a dei dubbi, quando si dà una risposta.

Vediamo allora oggi come introdurre un dubbio, come spiegarlo bene, esporlo e poi come rispondere ad un dubbio.

Quando si ha un dubbio, soprattutto se stiamo affrontando una riunione di lavoro – vi ricordo che questa lezione fa parte della sezione 3: riunioni ed incontri – come possiamo fare per parlarne?

Se si interviene a voce basta dire:

in merito alla questione, avrei un dubbio in particolare da chiarire

Vorrei chiedere alcune delucidazioni **a riguardo.** Credo di avere dei dubbi

A riguardo, mi nasce un dubbio!

In proposito non è del tutto chiaro un concetto...

A tal proposito mi permetto di sollevare un dubbio.

In merito a, riguardo a, a riguardo.

Sono tutte modalità equivalenti e molto

usate al lavoro.

Più informalmente si può dire:

Su questo punto ho dei dubbi

Ho alcuni dubbi **che riguardano** la questione appena affrontata

Per quanto riguarda invece il verbo da usare, c'è solamente l'imbarazzo della scelta.

Normalmente si dice "Ho un dubbio", ma formalmente, soprattutto se dobbiamo scrivere il nostro dubbio, possiamo usate verbi diversi e più adatti.

A tal proposito, nelle ultime ore **sono nati alcuni dubbi** sull'efficacia della soluzione che avete proposto.

Un dubbio, quindi può "nascere" e questo verbo si può tranquillamente usare in comunicazioni di lavoro.

Ma un dubbio può anche sorgere, proprio come il sole.

Ci sorge un tremendo dubbio sulle

potenziali conseguenze di questa azione, crediamo pertanto sia il caso di parlarne.

Quando poi si vuole avviare una discussione sul proprio dubbio, o anche sul dubbio di qualcun altro, il dubbio può essere "sollevato".

Sollevare un dubbio serve proprio a questo, a parlarne, a spingere tutti a parlarne.

Vorremmo **sollevare** un dubbio riguardo alcuni punti critici

Mi permetto di **sollevare** un dubbio su una questione che secondo me è abbastanza urgente da chiarire.

Sollevare è simile a esprimere, e la differenza è proprio che sollevando una questione, un problema, un dubbio, ne volete parlare.

Un altro verbo interessante è "**suscitare**" che spesso si usa con le emozioni. Il significato è simile a **sollevare**: Far nascere, provocare, produrre, scatenare, far sorgere, innalzare, specie in senso spirituale.

Questa situazione mi suscita alcune **perplessità**.

Attenzione a usare questo verbo con i dubbi perché dà maggiormente il senso della reazione spontanea, e spesso si usa in modo ironico.

Questo lo rende a volte sconsigliabile usarlo durante una riunione o nelle e-mail.

Buongiorno a tutti, vorrei chiedere una cosa che mi **suscita un dubbio** ogni anno quando presentiamo il nostro Bilancio.

Suscitare è come "**far venire**", "**provocare**", "**innescare**"

Il verbo suscitare si usa anche con gli scandali, con le reazioni:

Questo fatto accaduto ha suscitato un scandalo!

La tua risposta ha suscitato molto scalpore

La notizia sicuramente susciterà dei forti sospetti

Suscitare dubbi quindi si può usare ma si sta dicendo che il motivo per cui questi dubbi nascono risiede nella natura della questione sulla quale si hanno dei dubbi.

E' un po' come dire: è normale avere dei dubbi su questo. La reazione è spontanea. Quindi in qualche modo se una cosa suscita dei dubbi in una persona, i dubbi sono provocati da questa cosa. Insomma, in una riunione, sarebbe quasi come dare la colpa ad una persona di non essersi spiegata bene, e per questo motivo si manifestano dei dubbi.

Meglio allora dire "ho un dubbio da chiarire", "mi piacerebbe far luce su una questione che ritengo importante".

Poi potremmo anche evitare di usare sempre la parla "dubbio".

Esistono vari sinonimi, più o meno formali. Tutto dipende dal confine tra dubbio e problema. Vogliamo che sia chiarito un nostro dubbio oppure vogliamo dire che non siamo d'accordo?

Se abbiamo un dubbio, a volte dipende da noi, dalle nostre capacità di comprendere, dalla nostra cultura, altre volte dipende da chi spiega (si è spiegato male), altre volte dipende dal fatto che ci possono essere delle alternative ad una soluzione, alternative che possono essere migliori. Altre volte voglio dire che in realtà non ho dei dubbi, semplicemente abbiamo un'idea diversa, ma non vogliamo essere offensivi, così ad esempio potrei mettere in discussione la validità di una teoria, di un pensiero, ponendo dei dubbi.

Se uso la parola "**perplessità**", ad esempio, al posto di dubbio, sto dicendo che non sono esattamente d'accordo, perché l'osservazione della realtà mi porterebbe a altre conclusioni. Quindi sollevare una perplessità è come fare una critica, come dire: "non credo sia così".

Non è maleducato presentare delle perplessità. Sempre meglio che dire:

Ho i miei dubbi in merito!

Che potrebbe anche essere offensivo. Un conto è "ho dei dubbi", un altro conto è: "ho i miei dubbi", che assomiglia più a "io la penso diversamente". E' come avere delle perplessità.

Avere un dubbio o dei dubbi non è pertanto come avere una o delle **perplessità**. Se abbiamo una perplessità vuol dire che non crediamo che una cosa sia vera, non crediamo che una soluzione (quella proposta da qualcuno) sia una vera soluzione, non crediamo che una proposta sia valida.

Ad esempio:

Lo Stato decide di aprire i supermercati in

piena emergenza coronavirus.

Ma il proprietario di un supermercato può avere delle *perplessità* su questa decisione "Ho deciso di non riaprire, c'è ancora troppo rischio".

Ho alcune **perplessità** sulla soluzione da voi proposta. Se non ha funzionato in Germania, perché dovrebbe funzionare in Italia?

Spesso si parla anche di **criticità**, o di "**elementi di criticità**".

La questione non cambia molto rispetto alle **perplessità**, solamente che il termine **criticità** è l'equivalente di problema. Si usa quando si fanno analisi tecniche o quando si vuole dare l'impressione che non si tratta di una opinione personale, o una reazione spontanea, o una critica. Si sta analizzando la questione criticamente, con spirito costruttivo.

Non si tratta di veri dubbi in realtà, come con la perplessità. Più che altro si tratta di elementi potenzialmente negativi, fattori di rischio, ma anche le criticità possono essere **sollevate**, per avviare una discussione costruttiva. Si tratta comunque di una analisi che si fa prima; quindi, anche le criticità non sono certezze, semplicemente dei potenziali punti negativi.

Altri termini pericolosi, diciamo così, alternativi al dubbio, sono **l'incertezza** e la **titubanza**.

Il termine **incertezza** si usa spesso anche nelle comunicazioni professionali.

Abbiamo ancora alcune **incertezze** sull'efficacia delle soluzioni proposte.

In pratica non si è sicuri delle soluzioni, non si ha la certezza che possano funzionare.

La **titubanza** invece esprime una difficoltà ad agire, una incertezza nell'azione. Solitamente è una cosa negativa. Chi non appare sicuro di intraprendere una strada, può esitare, può non mostrarsi convinto, può titubare. La titubanza, quindi, è l'atteggiamento di chi non si mostra sicuro. Evidentemente chi tituba ha dei forti dubbi che stia facendo bene.

Nonostante le **titubanze** iniziali, la nostra azienda ha deciso di passare alla produzione di mascherine.

C'erano dei dubbi in merito? Naturalmente!

C'erano perplessità? Certo, legate magari alle risorse finanziarie a disposizione, qualcuno pensava che non fosse una decisione giusta da prendere vista la sua esperienza passata.

Il modo probabilmente più formale di esprimere dei dubbi e rappresentarli in modo critico è "**avere delle riserve**".

Abbiamo delle riserve riguardo a ciò che è

stato detto oggi.

Ancora una volta, non si tratta veramente di un dubbio, ma si tratta di avere un giudizio negativo. Si tratta di un dissenso, di una opinione contraria. Anche in questo caso è come dire: non siamo d'accordo.

Ma siamo nell'ambito di una discussione, e siamo disposti ad accettare delle riserve.

"**Abbiamo alcune riserve**" è una forma più soft, e questa potrebbe quasi essere usata al posto di "abbiamo dei dubbi". Ciò non toglie che queste riserve vanno superate, cioè vanno chiariti i dubbi che sono alla base delle riserve.

Dopo la nostra proposta sono state avanzate delle riserve da parte dei sindacati dei lavoratori.

Insomma, anche le riserve non sono dei veri dubbi, ma si avvicinano.

Quando invece **rispondiamo** a dei dubbi, a delle perplessità, a delle incertezze, o quando abbiamo delle riserve, ugualmente stiamo attenti a non offendere.

Chiarire un dubbio è probabilmente la forma più cortese che esiste.

Fugare un dubbio è una modalità analoga, simile ad allontanare questo dubbio, farlo scomparire.

Chi vuole fare chiarezza da tutti i dubbi poi ha una frase magica che può utilizzare: **sgombrare il campo (o sgomberare il campo).**

Vorrei sgombrare il campo da tutti i dubbi

Per *sgombrare il campo* da qualsiasi eventuale dubbio vi faccio ascoltare la voce del nostro Presidente

Ci sono state alcune perplessità da parte dei lavoratori, ma poi il nostro direttore ha sgombrato il campo da tutte le incertezze

Sgombrare il campo è un'espressione idiomatica ovviamente. Sgombrare significa togliere, eliminare qualsiasi ingombro, cioè qualsiasi cosa che ingombra, che ostacola. Ciò che viene eliminato dal campo (dalla questione di cui parla) sono i dubbi, quindi, le incertezze, le perplessità.

Quando si risponde a dei dubbi, l'obiettivo finale dovrebbe essere quello di risolverli questi dubbi, ma non è detto si debba contestare chi ha dei dubbi. Basta **fare chiarezza.**

Anche chi, anziché avere dei dubbi, dichiara di avere delle perplessità, o solleva delle criticità può avere una risposta chiara e educata.

Il nostro desiderio è **sciogliere** qualsiasi dubbio sulla questione

In risposta ai numerosi dubbi sollevati, vorremmo dare delle rassicurazioni

Chiarire un dubbio, sciogliere un dubbio, fare chiarezza. Avete diverse opportunità.

Anche **dissipare** è un verbo molto usato.

Per **dissipare** ogni dubbio **sulla** nostra professionalità, le rimborsiamo interamente la somma pagata.

Bisogna **dissipare** tutti i dubbi in merito!

Dissipare è come far **scomparire**. Simile quindi a "**sgomberare il campo**".

Ci sono poi alcune espressioni che si possono usare per chiarire degli aspetti particolari e anche per giustificare l'esistenza di alcuni dubbi. Tra queste la più formale è "**è fuor di dubbio**"

E' **indubbio** che ci siano dei problemi riguardo alla tempistica, (cioè non ci sono dubbi su questo) ma è altrettanto **fuor di dubbio** che questi problemi siano dovuti all'emergenza sanitaria.

Non c'è dubbio su questo, ma sono pur sempre problemi da risolvere!

Attenzione perché **indubbio** si scrive tutto attaccato e significa "sicuro", "certo". Da non confondere con "in dubbio" (parole staccate) che si usa nell'espressione "mettere in dubbio"

Non si vuole mettere in dubbio la vostra parola.

Non metto in dubbio che sia normale avere delle perplessità, ma non ci sono altre soluzioni.

Porre in dubbio, mettere in discussione o porre in discussione sono delle alternative assolutamente equivalenti.

Adesso facciamo un breve esercizio di ripetizione:

Mi scusi, avrei dei dubbi in merito

Vorrei sollevare un dubbio

La questione mi suscita un enorme dubbio

Avete dei dubbi? Incertezze, perplessità?

Si potrebbe fare **maggiore chiarezza**?

Ho i miei dubbi che questa soluzione sia quella giusta.

Ci sono alcuni **elementi di criticità** che

vorremmo evidenziare.

Vorrei innanzitutto **sgombrare il campo** da ogni incertezza a riguardo.

E' **indubbio** che c'è stata qualche **titubanza** all'inizio.

Vorrei **sciogliere** il dubbio da lei **posto** inizialmente.

Mi piacerebbe **dissipare** tutti i dubbi, ma è impossibile.

Sono state sollevate alcune riserve riguardanti le nostre proposte per uscire dalla crisi.

Alla prossima lezione.

Lezione n. 24 del corso di Italiano professionale. Oggi parliamo di come **puntualizzare** durante una riunione.

Iniziamo a dire cos'è una **puntualizzazione** e cosa significa puntualizzare.

La questione ha a che fare con i **chiarimenti**. Ma un chiarimento come vedremo non coincide proprio con una puntualizzazione.

Quando qualcosa non è chiaro, spesso è necessario chiarire meglio, affinché tutti comprendano bene.

Abbiamo già affrontato l'argomento della **sintesi e della chiarezza** nella prima sezione del corso, ma stavolta vorrei concentrarmi sulla PUNTUALIZZAZIONE, termine che contiene la parola "**punto**".

Ogni volta che si usa puntualizzare e puntualizzazione durante un confronto o una riunione, non è spesso un semplice chiarimento. Ci sono alcune differenze.

Spesso c'è una nota quasi polemica in questo verbo. Da una parte è vero che **puntualizzare** significa **specificare**, o meglio ancora **precisare. Si tratta di** andare in un singolo punto e precisare, dettagliare meglio questo singolo aspetto di un argomento, che potrebbe generare problemi.

Se questo è vero, dall'altra è anche vero che la puntualizzazione viene fatta per alcuni specifici motivi in particolare. Alcuni precisi motivi, ben identificati.

Dipende anche da chi che fa questa **puntualizzazione**.

Se chi sta parlando desidera puntualizzare, allora lo fa per dettagliare meglio, al fine di evitare che ci siano malintesi, oppure per dare l'idea della precisione, per far vedere che non si trascurano i dettagli.

Se invece un'altra persona interviene potrebbe dire:

Io credo sia il caso di fare una

puntualizzazione (o una precisazione) riguardo a ...

Questo perché il chiarimento che viene richiesto è importante, magari i termini usati per descrivere questo aspetto sono imprecisi, vaghi, possono generare malintesi. Allora è necessario **precisare**, cioè **puntualizzare**. Il secondo verbo, sebbene sia equivalente al primo, spesso si usa per sottolineare una precisazione necessaria.

Il termine **chiarimento** invece è spesso usato da chi non ha capito bene qualcosa, e chiede che si spieghi meglio, magari con parole diverse. È un termine più **innocente**. Chi non ha capito solitamente chiede un chiarimento. E' più educato.

Se una persona chiede invece di **precisare** o **puntualizzare** un aspetto evidentemente crede che così com'è non c'è abbastanza precisione, quindi è necessario puntualizzare, altrimenti succede qualcosa di negativo. Non è così innocente chiedere una puntualizzazione.

Ad esempio, con l'emergenza coronavirus, con l'inizio della fase 2, il governo italiano ha detto che sarà ora possibile raggiungere i propri "**congiunti**". Prima di quella data invece c'era il Cosiddetto *lock down*. Non ci si poteva spostare prima dell'inizio della fase 2.

Ma cosa si intende per **congiunti**? Chi sono? È stato successivamente **precisato** che i congiunti comprendono anche i fidanzati e gli amici più stretti. Insomma, non solo i parenti, come era stato pensato inizialmente. Meglio parlare di "**affetti stabili**", è stato chiarito. Infatti, solo i congiunti sono i parenti.

Ho detto che è stato "precisato" e "chiarito" perché non era abbastanza chiaro prima, ma se avessi detto che è stato puntualizzato sarebbe stato più o meno lo stesso.

Puntualizzare però si usa maggiormente con un **tono polemico**:

Questa **puntualizzazione** non la ritengo

necessaria.

Non crede sia il caso di fare una puntualizzazione sul termine **congiunti o "affetti stabili"?** Chi decide quando un affetto è stabile?

Questa è l'unica sfumatura di differenza tra la precisazione e la puntualizzazione.

Se voglio invece manifestare a chiare lettere l'inutilità di una precisazione, quanto ritengo sia inutile questa puntualizzazione, posso usare il verbo "**sottilizzare**".

Sottilizzare è un verbo particolare, che fa parte anche della lezione n. 4 dedicata alla **precisione ed alla puntualità**. Conviene parlarne ancora però, così si capisce meglio il confine tra il **chiarimento, la puntualizzazione e la sottigliezza.**

Abbiamo visto anche nelle lezioni **19** e **20** come fare a chiedere dei chiarimenti, usando diversi verbi.

Nelle riunioni però si interagisce di più e

quindi è bene stare più attenti alle differenze tra i vari verbi.

Ad esempio, durante una riunione potete ascoltare frasi di questo tipo:

Prima di continuare è necessario credo che io faccia una **puntualizzazione**. I fidanzati possono incontrarsi?

Non credo sia il caso di stare tanto a **sottilizzare.**

Non è il caso di **sottilizzare** troppo.

Lei crede veramente che si tratti di una **sottilizzazione**? Non crede sia importante chiarire meglio cosa si intende per "congiunti"?

Quando si sottilizza vuol dire che si stanno facendo delle analisi e delle distinzioni inutili, troppo dettagliate, troppo precise, inutilmente precise.

Anche un ragionamento quando è troppo preciso si dice che si sta sottilizzando troppo. Inutili puntualizzazioni che appesantiscono la discussione senza dare nulla un più di veramente utile.

Dire ad una persona, magari in una riunione, che sta sottilizzando o che è inutile sottilizzare significa pertanto che la **puntualizzazione** è inutile.

Ma perché si dice **sottilizzare**? Perché si dice così? Si fa riferimento alle sottigliezze, che sono le argomentazioni inutili, quando cioè si cerca di dettagliare al massimo ma si ritiene che il dettaglio sia eccessivo. Nella lezione sulla precisione avevamo appena accennato al termine sottigliezza.

Non perdiamoci in sottigliezze!

È strano come questo termine sia simile all'aggettivo "sottile" ma il significato è molto diverso.

Se una persona è sottile, significa che ha una mente molto lucida, riesce a fare distinzioni molto interessanti ed utili, riesce a accorgersi di cose importanti che sfuggono quasi a tutti.

Il senso è sempre figurato ma stavolta è un pregio essere sottili, e dire o pensare cose sottili è anche un pregio, così come anche fare un ragionamento sottile. Non tutti riescono a capirlo un ragionamento sottile.

Ma questo ha più a che fare con l'intelligenza di una persona, e poco a che fare con le riunioni, dove le **sottigliezze** sono spesso le inutili puntualizzazioni.

Sarebbe come dire che durante una riunione sia più importante che tutti capiscano e che quindi bisogna esprimersi in modo chiaro, facendo eventualmente delle puntualizzazioni quando c'è n'è bisogno veramente. Senza fare ragionamenti troppo sottili, perché in pochi li capirebbero.

Anche un altro verbo potrebbe risultarvi utile: **disquisire**.

Un verbo da usare quando si è in vena di polemiche:

Bisognerebbe pensare attentamente alla nostra salute piuttosto che **disquisire** a lungo sul termine "congiunti" o sulla data esatta dell'inizio della fase 2.

Dà il senso del lungo parlare, spesso inutilmente, e le riunioni troppo lunghe non piacciono mai a nessuno. Ma a volte si può anche usare questo verbo in senso positivo:

Con Giovanni puoi tranquillamente **disquisire** di qualsiasi argomento, è sempre molto preparato.

Abbiamo **disquisito** a lungo sui vantaggi derivanti da una riorganizzazione del personale dell'azienda.

Questo verbo però non fa necessariamente riferimento ad un punto, ma piuttosto ad un argomento in generale. Sarebbe come parlare di molte cose e molto a lungo, a volte anche solo per il piacere di farlo. Certo, in una riunione disquisire su una qualsiasi cosa fa perdere tempo. Quindi meglio non disquisire in questi casi.

Forse è il caso anche di parlare della

differenza tra **puntualizzare e focalizzare.**

Quando si vuole focalizzare l'attenzione su un aspetto, su un punto, su una parte di un argomento, si vuole attrarre l'attenzione su questo punto, si vuole approfondire questo punto. Spesso si usa, specie nelle riunioni, la parola "focus": facciamo un focus, cioè facciamo un approfondimento su questo punto.

E' un termine abbastanza *smart*, direi, nel senso che si usa molto negli ambienti di affari, "fare un focus", che in sostanza è proprio come approfondire uno specifico aspetto che riteniamo interessante.

Ma non c'entra praticamente nulla con la **puntualizzazione**, che è più puntigliosa e molto meno "elegante", molto meno "smart". Potremmo dire che è molto più "figo" usare focus che puntualizzazione. Un focus si fa con un obiettivo diverso, non quello di contestare qualcuno o per evitare polemiche o malintesi, o perché l'argomento è delicato e conviene specificare meglio. Piuttosto quando si focalizza l'attenzione su un aspetto è perché la nostra attenzione va in quel punto.

Vorrei focalizzare l'attenzione sul punto "A"

Di fronte a questa frase, gli altri componenti della riunione pensano: bene, questo punto deve essere interessante.

Invece se dico:

Vorrei fare una puntualizzazione sul punto A

Gli altri possono pensare: chissà cosa c'era di poco chiaro su questo punto A. Oppure: in effetti credo anche io che è necessario fare qualche precisazione, perché non è molto chiaro. Insomma la puntualizzazione serve a specificare meglio, a chiarire nel dettaglio questioni importanti, ma non c'è niente di elegante in questo. Però è importante per chiarire questioni che possono generare problemi.

Ad esempio:

Dobbiamo prendere decisioni contro la crisi,

ma vorrei **puntualizzare** che io preferisce parlare di "documenti ufficiali" e non di "chiacchiere".

Il presidente ha detto che gli stipendi saranno aumentati, ma poi ha **puntualizzato** che si riferiva solo ai lavoratori che guadagnano meno di 1000 euro al mese.

Capite bene che non ha senso usare focalizzare, perché si tratta di spiegare meglio ciò che prima non era così chiaro.

Adesso ripetiamo alcune frasi:

Puntualizzazione

Focalizzazione

Specificazione

Fare una puntualizzazione **su** un argomento

Vorrei puntualizzare **che** bisogna essere precisi quando si spiega qualcosa

Vorrei fare una puntualizzazione riguardo al concetto di "gruppo": intendo un gruppo di almeno 3 persone.

Sottilizzare: non sottilizziamo troppo!

Precisare: vorrei fare una precisazione importante

Meglio non sottilizzare

Disquisire: non abbiamo tempo per disquisire troppo adesso

Inutile **disquisire**

Io **disquisisco** spesso con i miei alunni

Tu **puntualizzi** sempre troppo tardi

Lui riesce a **chiarire** meglio degli altri

Noi vorremmo fare una **precisazione**

Voi potete **disquisite** più tardi e con calma su questo argomento.

Gli scienziati hanno tenuto a **specificare** che serviranno mesi per ottenere un vaccino.

E allora aspettiamo...

Lezione 25: Come dare istruzioni

Lezione n. 25 del corso di Italiano professionale. Oggi parliamo di come **dare istruzioni**.

Nell'ultima lezione abbiamo visto come **puntualizzare** e si parlava dunque di chiarimenti.

Oggi invece, pur restando nel tema chiarimenti, stiamo dando spiegazioni riguardanti una procedura da seguire, cosa che si fa soprattutto quando dobbiamo insegnare delle cose a dei colleghi: una procedura da seguire ad esempio.

Spiegare alle persone cosa fare non è una cosa che fanno solamente i capi, i dirigenti, ma ogni volta che si dà un consiglio tecnico, che si spiega un processo, una procedura da seguire si stanno danno istruzioni e possono farlo tutti. Evidentemente non solo durante una riunione si danno istruzioni: nella vita di ufficio avviene quotidianamente.

E' molto importante essere chiari quando si danno istruzioni e per questa ragione qualche volta dobbiamo spiegare le cose **passo per passo**, dobbiamo fornire una sequenza di istruzioni. Per questo dobbiamo spiegare parole come: **primo, secondo, terzo,** oppure **inizialmente, "per iniziare", successivamente, poi, dopo,** o anche **"per finire", "per terminare".**

Vediamo qualche esempio che potete ripetere: qualcosa non funziona in un programma su un computer:

Prima di tutto, prova a chiudere il programma e a riaprirlo nuovamente

Secondo, dovresti rientrare (Autenticazione) per terminare la compilazione del modulo

Successivamente, dovresti digitare la tua password per confermare la tua identità

Alla fine, una volta terminato, non dimenticare di uscire.

Questi esempi evidenziano una sequenza di

istruzioni.

Ora: queste istruzioni vi sembrano degli ordini?

Voglio dire, credete che dare istruzioni significhi: fai questo, poi fai quest'altro? Non è esattamente così. Infatti non bisogna essere troppo diretti (credo che questo valga in tutte le lingue) quando si danno istruzioni, quando si forniscono istruzioni (fornire è di uso più formale, anche nel caso dei chiarimenti).

Questo è il motivo per cui è meglio dire ad esempio:

"**Puoi** provare a chiudere il programma", anziché "chiudi il programma"

o:

"**Dovresti** scegliere una password" anziché: "scegli una password"

Un modo per evitare di essere troppo diretti è usare delle parole speciali di cortesia, come, "hai bisogno di..." e "potresti" o "dovresti", "occorre fare questo...", "è necessario...".

Ad esempio:

Prima di tutto **avresti bisogno di** aprire un account

Ricorda di ripetere dopo aver ascoltato:

Hai bisogno di inserire un nome utente e una password per iniziare

Adesso **puoi** aprire l'applicazione a creare un account

Potresti provare a riavviare il programma?

Ora **dovresti** aprire il programma dal menù principale.

Avete fatto caso che molto spesso l'istruzione ha la forma di una domanda. Questo è un modo molto gentile ed educato per spiegare delle cose. Ma non sempre funziona: con "**puoi**" e **potresti**" sicuramente potete sicuramente usarlo:

Potresti controllare se la password è corretta?

E' un modo gentile di dire: controlla se la password è corretta.

Meglio non usare frasi come_

Che ne dici di controllare la correttezza della password?

Usare "che ne dici" potrebbe sembrare scortese, quasi una presa in gito. Meglio evitare…

Ma come fare a capire se il nostro interlocutore sta capendo le nostre istruzioni? Ci sono molti modi per controllare questo.

Possiamo partire dal semplice:

Hai capito?

Ma generalmente è molto più delicato chiedere:

Spero che tutto sia chiaro

Spero di essere riuscito/a a spiegarmi bene.

Attenzione perché alcune frasi possono sembrare un po' dure:

Mi sono spiegato?

Mi sono spiegato bene?

Queste sono frasi che i genitori usano con i

propri figli, quindi anche qui meglio evitare...

Puoi anche fare domande diverse. Allora vediamole! Ripeti, mi raccomando:

Allora, è abbastanza chiaro il procedimento da seguire?

I passaggi da seguire sono chiari?

Adesso è tutto chiaro come funziona questo programma?

Ti ci ritrovi?

Quest'ultima è una domanda abbastanza informale, adatta a testare la comprensione di processi complessi, ho usato il verbo "ritrovarsi" che è simile ad "orientarsi", come a dire:

Riesci ad orientarti?

E' complicato?

Adesso sapresti ripetere tutti i passaggi?

Ti stai orientando?

Qualche domanda?

Qualche passaggio da spiegare meglio?

Dunque, anche per vedere se tutto è stato compreso, si può anche chiedere se si hanno domande. In questo modo si può scoprire cosa esattamente le persone non hanno capito.

Bene, adesso che abbiamo praticato un po' sul dare istruzioni e capire se queste siano state recepite, vediamo come possono inserirle in una normale conversazione.

Ascoltiamo un breve dialogo in cui un collega non riesce ad utilizzare la fotocopiatrice e io gli/le sto dando istruzioni su come fare.

Bogusia: Potresti aiutarmi per favore? non

sono molto pratica con questa fotocopiatrice.

Giovanni:

Con piacere:

Prima di tutto prova a vedere se la macchina è accesa.

Poi devi posizionare il foglio sulla fotocopiatrice.

Successivamente bisogna impostare le dimensioni della pagina: A4 o A3 o dimensioni personalizzate.

Il penultimo passaggio è impostare i colori, stampa in bianco e nero oppure a colori.

Alla fine, basta premere "invio"

È tutto chiaro? Se hai bisogno di ulteriori chiarimenti mi trovi nel mio ufficio. Non farti problemi a chiamarmi ok?

Khaled: Non mi è chiara una cosa: dopo aver impostato le dimensioni del foglio occorre premere invio?

Giovanni: Non prima di aver specificato se vuoi una stampa in bianco e nero o a colori, altrimenti la fa automaticamente in bianco e nero.

Adesso vediamo come te la cavi e vediamo anche qualche alternativa.

Prova a ripetere le istruzioni dopo di me:

Prima di tutto prova a vedere se la macchina è accesa.

Alcune alternative:

* Innanzitutto, prova a vedere se la macchina è accesa

* Per prima cosa prova a vedere se la macchina è accesa

* Come prima cosa prova a vedere se la macchina è accesa

* Per iniziare prova a vedere se la macchina è accesa

* la prima cosa è provare a vedere se la

macchina è accesa

Poi devi posizionare il foglio sulla fotocopiatrice (ci sono delle alternative all'utilizzo di "poi" e "devi"). Alcune alternative:

- dopo occorre posizionare il foglio sulla fotocopiatrice

- secondo: bisogna posizionare il foglio sulla fotocopiatrice

- il secondo passaggio è posizionare il foglio sulla fotocopiatrice

- successivamente è necessario posizionare il foglio sulla fotocopiatrice

- per proseguire occorre posizionare il foglio sulla fotocopiatrice

Successivamente bisogna impostare le dimensioni della pagina: A4 o A3 o dimensioni personalizzate. Alcune alternative:

- occorre impostare le dimensioni della pagina

- c'è bisogno di impostare le dimensioni della pagina

- viene richiesto di impostare le dimensioni della pagina

Il penultimo passaggio è impostare i colori, stampa in bianco e nero oppure a colori

- prima di terminare occorre **impostare i colori**

Alla fine, basta premere "invio"

- per finire basta premere "invio"

- per terminare basta premere "invio"

- come ultimo passaggio è sufficiente premere "invio"

- come ultima cosa è sufficiente premere "invio"

È tutto chiaro? Se hai bisogno di ulteriori chiarimenti mi trovi nel mio ufficio. Non farti problemi a chiamarmi ok?

Se preferiamo, "E' tutto chiaro" possiamo anche ometterlo,) ecco alcune alternative:

- Se hai bisogno di ulteriori chiarimenti mi trovi nel mio ufficio

- se non mi sono spiegato bene mi trovi nel mio ufficio

- In caso di necessità sono nel mio ufficio

- se non ricordi qualche passaggio sono nel mio ufficio

- qualora non ricordassi dei passaggi sono nel mio ufficio

- se hai problemi di qualsiasi tipo mi trovi nel mio ufficio

Lezione 26: **Fare le veci, essere il vice**

Lezione n. 26 del corso di Italiano professionale. Oggi parliamo di due termini: **vice e veci**, che può capitare di utilizzare durate una riunione o un incontro di lavoro.

Può capitare infatti che in una riunione, in un incontro, qualcuno dia forfait, vale a dire che qualcuno non si presenti, che non venga alla riunione, ma che questa persona si faccia sostituire da una seconda persona.

Questa seconda persona, possiamo dire, sostituisce la prima, oppure la rimpiazza.

Il verbo rimpiazzare è abbastanza simile a sostituire, ma si usa in particolare quando una persona ne sostituisce un'altra, sta al suo posto in una occasione particolare, come una riunione appunto.

In questi casi possiamo usare, al posto di sostituire o rimpiazzare, anche un'altra espressione, più adatta a contesti lavorativi e professionali: fare le veci.

Purtroppo, il direttore non è potuto venire, ma farò io le sue veci.

Più formalmente si dice **assumere** le veci. Perché assumere le veci è simile a assumere un aspetto, un aspetto fisico, nel senso di mostrarsi in un modo diverso particolare.

Se io assumerò le veci del mio direttore, in un'occasione come una riunione, questo significa che io lo sostituirò in tutto e per tutto durante questa riunione, e che qualsiasi cosa ascolterò o dirò io è come se la dicesse e ascoltasse il mio direttore. Le nostre parole hanno la stessa validità.

Fare le veci è un'espressione che si utilizza anche a scuola. Sui documenti ufficiali che i genitori di un ragazzo o ragazza minorenni devono firmare c'è la dicitura:

Firma di un genitore o di chi ne fa le veci.

Questo significa che la firma che viene messa, **apposta (verbo** apporre) alla fine del documento, deve essere di uno dei due genitori o di chi li rappresenta davanti alla legge cioè di coloro che hanno la responsabilità dei ragazzi. Di chi ne fa le veci.

In ambito lavorativo, quando si sostituisce una persona, possiamo usare tranquillamente l'espressione fare o assumere le veci, ma volendo non è l'unica che si può usare.

Come ho già detto, **sostituire** e **rimpiazzare** vanno ugualmente bene, sebbene meno formali. Ugualmente bene sarebbe utilizzare il verbo "**supplire**".

In mancanza del direttore, il dott. Rossi supplirà alla sua assenza.

Vale a dire che il dott. Rossi lo sostituirà, farà le sue veci, lo rimpiazzerà.

Supplire è un verbo adatto anche in ambito

lavorativo, ma più in generale significa **rimediare a deficienze o insufficienze con mezzi opportuni, similmente a sopperire, provvedere**.

Sostituire, rimediare, sopperire, supplire, provvedere: sono tutti verbi che richiedono la preposizione "a":

Il dottor Bianchi sarà la persona che **supplirà alla** sua mancanza.

Al dott. Rossi andrà il compito di **sopperire all'assenza** dei suoi colleghi.

Occorre **rimediare all'assenza** del Prof. Brambilla. Io proporrei il nome del dott. Coletta.

Questo funzionario è così bravo che **supplisce** all'inefficienza dei colleghi.

Provvedo subito a **sostituire** il dott. Tricarico con un valido sostituto.

Si può usare anche "con":

Propongo di sopperire alla sua assenza con

il dott. Rossi

Rimedieremo rimpiazzando il direttore **con** il suo **vice**. Sarà lui a **farne le veci**.

In questa ultima frase ho usato anche il termine vice.

Vice cosa ha a che fare con le veci?

Il legame è molto stretto perché il vice è il termine che si usa per indicare la prima persona che è incaricata ufficialmente a fare le veci del titolare.

Non può venire il direttore? Allora chiamiamo il vice-direttore. Sarà lui o farne le veci. Sarà lui a fare le veci del direttore assente.

Il termine vice può essere seguito da un trattino, prima di scrivere il titolo. ma si può anche scrivere attaccato: vicedirettore eccetera.

Esiste pertanto il vicepreside, il vicesindaco, il vicepresidente, il vicedirettore e il viceministro.

Naturalmente Il vice è una persona che ha generalmente un grado inferiore al titolare.

Talvolta il secondo elemento viene sottinteso per brevità e si dice semplicemente "vice" Non c'è il direttore? Va bene, allora c'è almeno il vice?

E' molto interessante che il termine **vice** derivi proprio da "**vece**" **che è il singolare di "veci".** Questa è proprio una bella notizia!

Potrei infatti dire che se non c'è il direttore, c'è il dott. Rossi, che sta (che è, che è presente) **in vece** del direttore, che cioè fa le funzioni del direttore, fa le sue veci.

Stare in vece di qualcuno significa quindi sostituirlo, ed equivale a "**fare le sue veci**" ma notate anche un'altra cosa: nella frase stare "in vece", queste due ultime due parole sono staccate. Eppure, esiste anche la parola "**invece**" tutta attaccata, tutta unita.

E non avete fatto caso che il termine "**invece**", tutto attaccato, indica proprio una sostituzione o una contrapposizione?

C'è il direttore?

No.

Il vicedirettore **invece**?

Sì, lui c'è. Sarà lui a farne le veci, essendo il suo vice.

Scusate per questo gioco di parole, ma ci tenevo a farvi notare che "invece", questo avverbio che si usa moltissimo nella lingua, ha la stessa origine dei due termini vice e veci.

Un'ultima cosa. Come vi dicevo, si scrive tutto attaccato solitamente: vicedirettore, vicepresidente eccetera, ma la grafia staccata (vice direttore, eccetera) sebbene tenda a scomparire, è ancora abbastanza frequente.

Naturalmente "invece", inteso come

avverbio, è di suo molto più frequente e si usa sempre, in tutte le circostanze. Invece la frase "fare le veci" o "essere i vece" di qualcuno la possiamo usare solo al lavoro o quando rappresentiamo una persona ufficialmente durante un incontro ufficiale.

Esiste anche anziché che potete usare al posto di invece, ma anziché non richiede la preposizione di:

Anziché il direttore parteciperà il suo vice

Invece del direttore parteciperà il suo vice.

E il plurale? E Il femminile?

Vice non cambia mai

Il vice, i vice, i vicepresidenti, la vice, le vice, le vicepresidenti.

Infine, è il caso di ricordare che il vice quando il titolare è molto importante può essere chiamato "**vicario**". Si tratta sempre di alte autorità e questo termine si usa quasi esclusivamente nella gerarchia ecclesiastica, cioè nella chiesa. Non è un caso che il papa viene anche detto **il vicario di Cristo**, considerando che è proprio il papa che rappresenta Gesù Cristo sulla terra.

Ora un piccolo esercizio di ripetizione:

Alla riunione di domani non potrò partecipare, ma fortunatamente c'è il dott. Rossi che farà le mie veci.

In mia vece ci sarà il dott. Bianchi

Chi farà le veci del direttore? Il vicedirettore?

Chi vuole essere il mio vice qualora sarò assente?

Chi mi rimpiazzerà?

Occorre sopperire alla tua assenza.

Supplire all'assenza del direttore non sarà facile. Alla prossima lezione di Italiano Professionale e se non ci sarete alla prossima riunione dei membri, ora sapete come farvi sostituire.

Lezione 27: **Spiegare un problema**

Lezione n. 27 del corso di Italiano professionale. Oggi parliamo di problemi, un argomento di cui si parla sempre al lavoro. Ogni forma di impiego richiede la risoluzione di problemi.

Abbiamo dedicato alcune belle lezioni nella prima sezione del corso, se ricordate, la sezione dedicata alle espressioni idiomatiche. Si è parlato di **scontri e confronti (problemi relazionali)** e anche dei **problemi economici.**

Ad ogni modo la cooperazione con i colleghi, al fine di risolvere il problema significa anche saperlo spiegare chiaramente. Per risolvere un problema occorre conoscerlo e quindi saperlo spiegare.

Prima ancora di spiegarlo, comunque, avrai bisogno di chiedere aiuto.

Per chiedere aiuto si usa normalmente "potresti" e non "puoi", oppure "potrei" e non "posso". In questo modo siamo più gentili e la nostra richiesta non appare pretenziosa. Non dimenticare che stiamo chiedendo un favore, un aiuto, che i nostri colleghi potrebbero non essere obbligati a darci.

Potresti per favore aiutarmi con una cosa?

Mi aiuteresti? Ho un problema da risolvere.

Potresti venire un attimo nel mio ufficio?

Potrei chiederti una cortesia con un problema?

In genere "per favore", o "cortesemente" si aggiungono sempre nella frase per essere più gentili.

Prova a ripetere dopo di me:

Potresti per favore aiutarmi con una

cosa?

Mi aiuteresti? Ho un problema da risolvere.

Potresti venire un attimo nel mio ufficio?

Potrei chiederti una cortesia con un problema?

Credi di poterci aiutare con questo problema?

Appena hai 5 minuti potresti per favore venirmi in soccorso?

Mi mostreresti cortesemente come si fa questa cosa?

Apprezzerei molto un tuo supporto in questa fase.

Usare "per favore" non è sufficiente se le frasi assomigliano a ordini tipo:

Aiutami per favore!

Dopo che il tuo collega ha accettato di aiutarti, cosa dire dopo?

Bisogna "**esporre**" il problema, un verbo molto formale questo, simile a mostrare, spiegare, presentare.

Spieghiamo allora il problema in modo veloce oppure entriamo subito nei dettagli? All'inizio in genere si preferisce "inquadrare" un problema, cioè capire di cosa si tratta. Per questo meglio essere generici, così che chi ci ascolta si fa un'idea generale del problema, quindi lo inquadra. Inquadrare un problema deriva dalla parola quadro, e ogni quadro ha una cornice, cioè dei limiti. Quindi quando riusciamo a inquadrare il problema abbiamo capito di cosa si tratta, è come se lo avessi chiuso in un quadro, dove riusciamo a vederlo bene.

Vediamo come descrivere brevemente un problema:

Non dimenticare di ripetere.

Sembra ci sia un problema con i server nel corridoio A.

Abbiamo riscontrato un grosso problema con il backup dei dati

Non riesco a far funzionare la fotocopiatrice

Il sistema di salvataggio dei file non sembra funzionare adeguatamente

Dei possibili sinonimi di problema sono: **difficoltà, grana, grattacapo, guaio e preoccupazione:**

Abbiamo serie difficoltà con il nuovo assunto

C'è una grana che non riesco a risolvere

Ho un grattacapo da risolvere che riguarda il mio PC

Abbiamo una preoccupazione su come stanno andando le vendite

Grana e grattacapo sono abbastanza familiari e informali ma possiamo usarli se non stiamo parlando con un direttore o persone che non conosciamo.

Naturalmente una volta inquadrato il

problema occorre capire come risolverlo, e normalmente dobbiamo spiegare cosa ha causato il problema o cosa ti ha fatto pensare che ci fosse un problema.

Allora dobbiamo spiegare meglio e dobbiamo usare il passato per spiegare cosa è accaduto. Ad esempio potremmo dire:

Ho fatto questo ma è successa questa cosa.

Tipo: Ho acceso il PC ma mi si è impallato subito

Sono entrato nella stanza ed ho visto il vetro rotto..

A questo punto dobbiamo essere precisi nella spiegazione, dobbiamo specificare. Vediamo qualche esempio pratico e prova a ripetere:

Il problema è emerso non appena è suonato l'allarme

Quando ho interrogato il database, il

sistema è andato in tilt

Appena ho chiesto al dott. Rossi di aiutarmi, lui non mi ha neanche risposto

Ho aperto il programma ma non ho ottenuto alcuna risposta

Ho provato a scaricare l'episodio audio ma mi dava un messaggio di errore

Ovviamente ci sono tante frasi che si possono dire per spiegare un problema, dipende dalla sua complessità.

Ascoltiamo un esempio di conversazione tra due persone:

A: Allora, qual è il problema "irrisolvibile" di cui mi parlavi?

B: Pare che i nostri partner non siano d'accordo con il coordinatore del progetto

A: Accidenti, e come mai? Cosa succede?

B: Beh, tutto è iniziato quando si parlava di assegnare dei ruoli

Come vedete è abbastanza semplice: provate voi a fare la parte di chi spiega il problema, anche usando modalità diverse se vuoi

A: Allora, qual è il problema "irrisolvibile" di cui mi parlavi?

B: **Pare**/**Sembra** che i nostri partner non siano d'accordo con il coordinatore del progetto

A: Accidenti, e come mai? Cosa succede?

B: Beh, **tutto è iniziato/il problema è emerso** quando si parlava di assegnare dei ruoli

State attenti anche ai verbi che usate: c'è un problema, esiste un problema, abbiamo una difficoltà, è emersa una questione da risolvere, occorre risolvere un guaio.

Ci sono anche modi diversi:

E' necessario **dipanare** una questione dirimente

Dipanare è come "venire a capo" di una faccenda complicata, equivale a "risolverla".

dirimente è come fondamentale. Si usa quando c'è un grosso impedimento.

Dobbiamo **dirimere** il conflitto emerso nella scorsa riunione.

Dirimere significa risolvere attraverso una decisione autorevole. I capi dirimono, i governi, i direttori, eccetera. Abbiamo dedicato un **episodio** a questo verbo. Date un'occhiata alla sezione verbi professionali. Verbo 22.

L'obiettivo è **districare** la difficile situazione che riguarda gli scioperi

Districare è simile a risolvere, sciogliere e anche a dirimere. Infatti districare si usa con i nodi e con le matasse. E' un bel problema quando c'è un grosso groviglio di nodi in una matassa!

E' necessario **sbrogliare** questa difficile

situazione

Sbrogliare una situazione, sbrigliare un problema, si usa quando c'è più di un problema.

Devo assolutamente **venire a capo** di un problema che mi fa impazzire!

Alla prossima lezione di Italiano Professionale.

Lezione 28: Come generalizzare

Avete mai sentito parlare di generalizzazioni? Generalizzare è il verbo in questione. E cosa significa generalizzare? E cosa sono le generalizzazioni.

Generalizzare significa rendere generale, cioè estendere un concetto a una totalità (di persone ad esempio).

Generalizzare significa anche parlare senza **scendere in particolari**. Quindi sarebbe anche il contrario di **puntualizzare**. Alla puntualizzazione abbiamo se ricordate dedicato la lezione n. 24. Oggi facciamo il contrario. Spesso risulta utile ma dobbiamo farlo bene.

Non scendere in particolari, o "nei particolari", può essere spesso conveniente quando si fa un discorso, perché la sintesi è reputata importante e soprattutto al lavoro dobbiamo essere sintetici. Se però non scendiamo nei particolari, automaticamente omettiamo dei dettagli che possono essere importanti.

Ci sono diversi livelli di generalizzazione, più livelli di sintesi.

La questione potrebbe riguardare una quantità:

Se ad esempio dico:

State poco attenti quando spiego le cose.

Evidentemente sto generalizzando. Ci sarà almeno una persona che non è disattenta o no? Oppure lo sono proprio tutti?

Gli italiani sono tutti mafiosi!

Anche questa è una fastidiosa generalizzazione, senza dubbio.

Allora ci sono in realtà dei modi per generalizzare, senza essere fastidiosi. Tra l'altro generalizzando si rischia di cadere in facili **luoghi comuni**.

La questione riguarda qualsiasi occasione di incontro con colleghi di lavoro.

Quello che occorre fare è generalizzare senza cadere in fastidiose associazioni.

Applicare a **un intero gruppo di persone o di cose** ciò che vale solo in casi particolari o che si riferisce a una singola persona o alcune di esse non serve a nulla, se non a far innervosire chi ci ascolta.

Allora vediamo alcune modalità scorrette e altre corrette. Ripeti dopo di me solamente quella corretta:

I lavoratori si stanno lamentando

Molti dei nostri lavoratori si stanno lamentando

Alcuni dei nostri soci di affari sono stranieri

Tutti i nostri soci sono stranieri

La maggioranza dei nostri clienti preferisce acquistare online

I nostri clienti preferiscono acquistare online

Quasi tutti i nostri clienti si ritengono soddisfatti

I nostri clienti si ritengono soddisfatti

Dopo il primo acquisto, **in generale,** i nostri clienti tornano ad acquistare sul sito

Dopo il primo acquisto, i nostri clienti tornano sempre sul sito per acquistare nuovamente.

Quando si dice **"in generale"**, potremmo anche dire **"generalmente"**. A volte significa **"la maggioranza delle volte"**, altre significa **"la maggioranza delle persone"**, o **"nella maggioranza delle occasioni"** eccetera.

Non si parla di tutti o di nessuno, ma della maggioranza. E' un modo corretto di generalizzare, ed anche molto usato al lavoro.

Si usa spesso anche:

"In linea di massima"

Questo è un altro modo corretto di generalizzare. e la cosa va al di là dei numeri. Infatti non si generalizza solamente con le quantità.

In linea di massima, i nostri prodotti arrivano ai clienti nei tempi previsti

In linea di massima credo che questo lavoro possa andar bene così

Si usa anche per esprimere un grado di soddisfazione personale:

In linea di massima sono soddisfatto.

Come a dire: diciamo che sono soddisfatto, considerando tutti i fattori, tutti gli elementi coinvolti, credo di ritenermi abbastanza soddisfatto.

Lo stesso concetto si esprime con: "**nel complesso**" o "**complessivamente**".

Complessivamente sono d'accordo con te

Nel complesso siamo riusciti a raggiungere gli obiettivo prefissi

Non li abbiamo raggiunti tutti evidentemente, qualcosa di negativo è successo, ma non la voglio fare troppo lunga; l'esigenza è di essere sintetici: esprimere brevemente un concetto.

Usare **"normalmente"** è un altro modo corretto per generalizzare.

Si usa, in genere, sulle cose che accadono.

Adesso che ci penso, anche **"in genere"** è una generalizzazione del tutto equivalente. Vediamo alcune frasi con entrambe le modalità allora.

Normalmente è il direttore che si occupa degli accordi con altre aziende.

Evidentemente qualche volta lo fa qualcun altro.

In genere vinciamo sempre noi il premio annuale

Poi c'è anche **"a grandi linee"**, molto elegante come modalità per generalizzare.

Quasi equivalente a "**in linea di massima**".

Dico quasi perché "a grandi linee" si usa spesso quando si leggono dei documenti e si deve esprimere un parere, un giudizio. Le linee sono quelle scritte; questa è l'immagine, e le piccole linee sarebbero i dettagli.

A grandi linee sono d'accordo con quanto c'è scritto in questo documento.

Posso comunque anche dire:

A grandi linee mi sembra che tutti i nostri lavoratori siano soddisfatti del loro lavoro

Si usa però anche per spiegare un concetto:

A grandi linee esistono tre tipi di imprenditori

Voglio spiegarti questo concetto **a grandi linee**

Raccontami, **a grandi linee**, quello che vi siete detti in riunione.

Queste "grandi linee" vanno usate quando vogliamo omettere i dettagli perché non ci interessano, tipico dei capi, dei direttori, dei dirigenti, che di tempo ne hanno sempre poco!

Infine vale la pena di citare "**Per sommi capi**" e "**Sommariamente**".

Siamo sempre lì, il concetto è il medesimo, a grandi linee :-)

"**Per sommi capi**" è esattamente la stessa cosa che "**a grandi linee**".

I sommi capi sono i punti più importanti. "i capi" richiamano anche il termine capitoli, i capitoli dei libri o dei documenti. Anche il "sommario" cioè l'indice del libro, ci dà un'idea della sintesi. Infatti il sommario di un documento o di un libro ci descrive per sommi capi, o sommariamente, il contenuto dei capitoli.

Vediamo qualche esempio:

Ti spiego cosa ci siamo detti oggi in riunione?

Sì, ma fallo **per sommi capi!**

Vale a dire: soffermati solo sui punti più importanti, senza scendere nei dettagli.

Sommariamente è uguale. Significa in modo o in forma succinta, se vogliamo in modo incompleto, non esauriente.

Esponimi **sommariamente** il contenuto di questo documento.

Il termine "**generalizzare**" è inteso quasi sempre in senso negativo, e si usa prevalentemente quando si contesta qualcosa o qualcuno:

Non **generalizzare**, non è vero che gli italiano sono tutti mafiosi.

Quando si fanno accuse non bisogna mai **generalizzare**

Gli altri termini e modalità che abbiamo visto esprimono concetti simili comunque si usano anche in modo utile e positivo. Anche neutro. Dipende anche dal tono.

Spiegare per sommi capi - **positivo**

La tua spiegazione è un po' **sommaria** - negativo

In linea di massima è andato tutto bene - neutro

A grandi linee sono d'accordo - positivo

La maggioranza dei casi - neutro

In genere - neutro

Quasi mai - neutro

Quasi sempre - neutro

Per sommi capi - positivo

C'è un'espressione italiana che ha un uso molto negativo: **"fare di tutta l'erba un fascio"** che abbiamo già visto nella lezione n. 12 (date un'occhiata se volete) parlando di **condivisione e unione**. Abbiamo visto che fare di tutta l'erba un fascio significa semplicemente: dire che tutte le persone sono uguali o che tutte le situazioni sono uguali quando invece non è mai così.

Siete tutti degli incompetenti in questo ufficio

No, non è vero, **non fare di tutta l'erba un fascio!**

Se vogliamo essere più precisi, parlando di quantità, possiamo anche dire:

Quando ti cerco, **due volte su tre** non ci sei mai!

E' ovviamente un modo approssimativo di essere precisi. Potrei anche dire "nove volte su 10", ma sostanzialmente è come dire "**la maggioranza delle volte**", "**generalmente**", "**in genere**", "non ci sei **quasi mai**", "**nella maggioranza dei casi**"o anche "**normalmente**", "quasi sempre non ci sei". Non c'è precisione.

"**Due volte su tre**" è ovviamente più informale, e non è uguale a "**ogni due per tre**", che come abbiamo visto in un episodio dedicato, significa spesso, parecchie volte, non una maggioranza. Un bell'episodio di due minuti. **Quasi sempre** però c'è da dire che la durata non è stata rispettata...colpa mia! Potrei dire che **in linea di massima** ho sempre cercato di rispettare la durata ma **spesso e volentieri** mi dilungavo e quasi sempre ho finito per **sforare** col tempo. Pazienza dai!

Spero che **a grandi linee** abbiate compreso l'intento di questa lezione sulla generalizzazione.

Anche la lezione sulla **precisione** è

interessante e legata a questo aspetto della generalizzazione. **Generalmente** non fa mai male ripassare un po':-)

A grandi linee sarete d'accordo spero!

Alla prossima lezione di italiano professionale.

Lezione 29: **Parlare delle possibilità**

Lezione 29 del corso di Italiano Professionale. Ci troviamo sempre nella sezione n. 3, dedicata alle riunioni e agli incontri.

L'argomento è il seguente: come parlare delle possibilità.

Cos'è una possibilità?

E' uno di quei termini il cui plurale è esattamente come il singolare: la possibilità, le possibilità. Sostantivo femminile dunque.

Ci sono possibilità quando ci sono domande e quando ci sono pertanto dei

dubbi.

La possibilità è qualcosa di probabile, simile alla probabilità, termine più matematico questo.

La possibilità è qualcosa di possibile, che può accadere, ma anche che non può accadere. Dipende!

Quando ci sono di mezzo le possibilità, ci sono dei termini che sono ricorrenti nelle conversazioni, dei termini che si usano spesso: probabilmente, presumibilmente.

C'è una intera lezione sull'argomento "**dubbi**" che vi condivido se siete curiosi. Iniziamo da "**probabilmente**": quando usate questo termine, significa che siete quasi sicuri di qualcosa.

Qualcosa che può riguardare il passato, il presente o il futuro. Siete quasi sicuri, diciamo all'80, 90 percento, anche se, come si dice, non potreste metterci la mano sul fuoco, cioè non potreste giurarci, solo per usare due espressioni molto note.

Se sono quasi sicuro di qualcosa, pertanto, ho una vasta scelta di risposte.

Se una persona mi domanda: secondo te lo smart working durerà almeno un anno?

Io potrei rispondere, se sono quasi sicuro che sia così:

- Probabilmente sì

- Molto probabilmente sì.

- Ne sono quasi certo

- Ne ho quasi la certezza

Se invece le possibilità aumentano ancora, nel senso che io sono sicuro di una cosa ma non è detto che sia così, posso esprimere questa mia sicurezza dicendo:

- Con ogni probabilità sarà così

- Ne ho piena

- Sicuramente

- Sicuramente sarà così

- Secondo me sì, non ci sono dubbi

- Ci metterei la mano sul fuoco

- Ci giurerei

Se invece ne sono meno sicuro, diciamo al 70-80% potrei dire:

- Ci sono ottime /possibilità chance che sia così
- Ci sono ottime possibilità che questo accada
- Non è sicuro ma quasi
- Non ci metterei la mano sul fuoco ma credo di sì
- Non ci giurerei ma credo di sì

La parola **chance** la posso usare al posto di possibilità:

Ci sono ottime chance che questo accada. Ci sono buone chance che questo accada. In questi casi chance non sta per opportunità, ma serve esprimere una probabilità.

Davanti a "probabilmente". posso anche mettere, come si è visto "molto" ma anche "poco": poco probabilmente accadrà qualcosa.

Questo qualcosa è poco probabile.

Allora vediamo adesso si esercitarci con qualche frase.

Ascolta e prova a ripetere.

Giovanni molto probabilmente riuscirà a portare a termine il programma settimanale di lezioni

- - -

Sembra molto probabile che il bilancio aziendale quest'anno non verrà approvato

- - -

Ci sono ottime possibilità che la crisi passi entro l'anno

- - -

Sono sicuro al 100% che riuscirai a superare la prova!

- - -

Ci sono buone probabilità che domani non verrò al lavoro

- - -

Ci sono scarse probabilità che venga promosso come direttore.

E' assai probabile che saremo costretti a chiudere entro l'anno

Ho valide ragioni per credere che sia così

Questa modalità: "avere valide ragioni per credere qualcosa" esprime una certa cautela nel giudizio, evidentemente ci sono in gioco importanti risultati, e si pensa che qualcosa accadrà, nel senso che in base a certi parametri, sembra molto probabile, ma non si esclude la possibilità opposta.

Cosa possiamo dire invece se non siamo molto sicuri si qualcosa: diciamo a 50%?

Se usassi "è scarsamente probabile", "è poco probabile", o "non è per niente probabile" la percentuale sta decisamente sotto il 50%, ma in questo caso intermedio Ci sono alcune modalità per esprimere questa indecisione, come usare il verbo "potere" al condizionale:

- Potrei riuscire a raggiungere tutti gli obiettivi, ma non sono sicuro.
- Potrebbe essere accaduto questo, o magari potrebbe essere accaduto quest'altro.

Anche il verbo **riuscire** e **provare** si usano spesso, anche insieme a potere:

- Non so se riuscirò a ottenere la promozione, ma ci posso provare

- Potrei provare a chiedere un aiuto, ma chi lo sa se mi aiuterà.
- Potremmo chiamarlo? Che ne dici?
- Possiamo riuscire secondo te a scrivere qualcosa entro stasera?

È interessante anche "**presumibilmente**", avverbio usato per esprimere qualcosa che si presume accadrà, o che si presume sia accaduto. E' un sinonimo di probabilmente, forse un po' meno soggettivo, più oggettivo, quindi meno personale. E' simile all'espressione "tutto lascia credere che".

Ad esempio:

Tutto lascia credere che il cliente sia soddisfatto.

Significa che dai segnali che abbiamo, osservando la realtà, sembra che sia così.

Ma non c'è la certezza, si tratta anche qui di un evento possibile, ma è riportato in termini oggettivi, meno personali.

Si usa spesso sia quando si vogliono evitare responsabilità, e forse più spesso usando l'imperfetto:

tutto lasciava credere che... quando invece poi la realtà è stata diversa

Anche "potrebbe essere" è una forma che esprime una possibilità al 50% circa.

E' probabilmente un modo anche per non esprimere una opinione:

Secondo te ci sarà la crisi anche il prossimo anno?

Si,   potrebbe   essere!
Potrebbe   accadere!
Non   è   da   escludere!
Quest'ultima modalità: non è da escludere spesso viene usata per parlare di eventi residuali, cioè di qualcosa che potrebbe accadere ma che inizialmente non avevamo considerato.

Esempio:

Chi sarà il prossimo direttore Generale? Molto probabilmente sarà il dott. Rossi, ma non è da escludere che sia invece il dott.   Bianchi

Di solito comunque "non è da escludere" si usa per possibilità al 20,30%.

Il Dott. bianchi ha dunque delle possibilità, ma non sono elevate.

Poi esiste la "**remota possibilità**" o anche la "lontana possibilità", che si usa per indicare una piccolissima probabilità che accada qualcosa:

C'è una remota possibilità secondo te che

io sia nominato direttore?

Certo, non è affatto da escludere. Io direi più che remota.

Oppure: esiste la possibilità remota che io chieda il trasferimento prima della fine dell'anno. In quel caso chi potrebbe sostituirmi?

Remota quindi significa lontana, quindi esprime una bassissima possibilità.

Si può usare per **tranquillizzare** ma anche per non escludere, quindi per avvisare, per essere sinceri fino alla fine:

Tutto si risolverà entro la fine dell'anno probabilmente, sebbene esista la remota possibilità di un secondo Lockdown.

"Potrebbe essere" si può usare sia per eventi passati, sia per il presente che per il futuro, ma spesso si sostituisce anche con "può essere".

Mi hanno detto che la nostra società diventerà presto una SPA, che ne dici? Può essere?

Sì, può essere!

Quindi ci sono possibilità, probabilmente abbastanza alte ma in genere non si può dire. Mediamente diciamo al 50%.

Esiste anche l'espressione "**cinquanta e cinquanta**" per esprimere esattamente questa probabilità:

Che ne dici, chi avrà l'aumento di stipendio tra noi due?

Io direi cinquanta e cinquanta!

Quindi abbiamo 50 probabilità su cento che sia io o che sia tu.

In questi casi informalmente si dice anche: ce la giochiamo!

Il verbo è giocarsela.

In questi casi si parla di successi e vittorie.

Secondo me il dott. Bianchi se la gioca col dott. Rossi quest'anno.

Quindi questo significa che hanno più o

meno le stesse possibilità di avere successo nella sfida personale.

Infine, esistono anche altri termini utili per parlare oggettivamente delle possibilità, molto usate al lavoro, dove solitamente si vogliono verità oggettive e non soggettive.

Parlo di pensabile, ipotizzabile, immaginabile, plausibile e verosimile. Tutti molto simili a "probabile":

La riapertura degli stadi è ipotizzabile se il Virus circolerà meno.

Mettere tutte queste regole non è pensabile.

In questo caso c'è anche un giudizio negativo.

Come è facilmente immaginabile, gli stadi non riapriranno presto.

Come a dire: è chiaro, molto probabile, sembra almeno valutando secondo la realtà di oggi.

L'unico scenario plausibile è quello di un

ritorno alla normalità quando ci sarà il vaccino.

Stiamo escludendo le altre possibilità.

È verosimile un'attesa di almeno 6 mesi prima che la situazione cambi.

Alla prossima lezione di italiano professionale.

Lezione 30: **Il titolare e il facente funzione**

Lezione 30 del **corso di Italiano Professionale**. Ci troviamo sempre nella sezione n. 3, dedicata alle riunioni e agli incontri.

L'argomento è il "**facente funzione**" o "**facente funzioni**". Questo interessa la questione delle riunioni ma non solo. Abbiamo già visto nella lezione 26 Fare le veci e essere il vice. Oggi aggiungiamo questa definizione che completa il quadro delle sostituzioni di persone al lavoro.

Cos'è il **facente funzione?** Rappresenta una persona.

È un termine burocratico, che pertanto

potrete leggere e ascoltare ma solamente in documenti e comunicazioni d'ufficio.

Indica una persona che sostituisce temporaneamente il titolare di un ufficio nello svolgimento delle sue mansioni. Si scrive anche in modo abbreviato con le due iniziali: f.f..

Se quindi il direttore è assente in un certo periodo dall'ufficio, potrà essere nominata una persona che avrà il ruolo di sostituirlo. Questa persona si chiama facente funzione (o funzioni): colui o colei che è stata indicata per svolgere le stesse funzioni del direttore, che è il soggetto titolare. Il facente funzioni fa le sue funzioni, ma non è il titolare dell'ufficio.

Il **titolare** pertanto è la persona che detiene (si usa quindi il verbo detenere) un ufficio, cioè lo dirige, in virtù di regolare **investitura**. Il titolare è stato ufficialmente investito della carica in questione (ad esempio la carica di direttore o professore).

Se avete dubbi sul verbo investire date un'occhiata alla spiegazione del **verbo professionale numero 29**.

Pertanto esiste il professore **titolare** della cattedra di letteratura latina ad esempio.

In ambito di istruzione, chi non è titolare può essere indicato in vari modi: professore "**incaricato**" ad esempio, o anche il "**supplente**", "**sostituto**", In altri contesti si chiama come visto anche "**vicario**" o anche "**vice**". In generale possiamo parlare di facente funzione. Alcuni di questi li abbiamo già visti nella lezione 26.

Il termine "**funzione**" indica un compito specifico, e al plurale le "funzioni" sono le mansioni da svolgere, ciò che è stato assegnato o riconosciuto nell'ambito di un'attività organizzata o di una struttura: ce ne sono di vario tipo che si usano nel linguaggio comune: funzioni amministrative, le funzioni direttive eccetera.

In generale può accadere che ad esempio un

professore **faccia** le funzioni di preside. Potete usare il verbo **assumere** anche:

Assumere le funzioni di preside

Quello che avviene è un riconoscimento ufficiale delle funzioni che si assumono, anche perché a volte sono richiesti dei requisiti per poter svolgere questo ruolo, requisiti stabiliti per legge.

Il facente funzioni quindi viene nominato ufficialmente, c'è una nomina ufficiale.

Anche nel corso di una riunione quindi, un direttore ad esempio può farsi sostituire da un facente funzioni.

Si può fare anche una selezione concorsuale spesso per ricoprire un posto importante come facente funzione. In un sito di una università, ad esempio, si può leggere la pubblicazione di un bando di concorso per un direttore generale a tempo, cioè di un **facente funzione direttore generale**

Il termine **facente** invece si usa in pratica

quasi solamente in questo contesto, perché sarebbe il participio presente del verbo fare. Ricordo che gli usi del participio presente come verbo (volante, dormiente, rimanente) sono poco frequenti nelle lingue romanze, dove le forme hanno in genere più la funzione di aggettivi e sostantivi.

In realtà posso usare facente anche in altri casi. Vediamo alcuni esempi:

- Sei proprio un **nullafacente**!

In questo caso è la parte finale di "nullafacente" (un'unica parola) che indica una persona che non vuole fare niente, che perde solamente tempo, proprio come un fannullone, ma più legato al lavoro.

- Oggi sarà Giovanni che parteciperà alla riunione come **facente le veci** del direttore.

Qui uso ugualmente il temine facente, nel senso di "**Fare le veci**" che non è però esattamente come essere il "facente funzioni".

Significa sempre sostituire qualcuno in un incarico, un ruolo ecc, ma si usa in modo diverso. Spesso si legge:

Firma di uno dei genitori o di chi ne fa le veci.

Che è un po' come dire:

Un genitore o chi per lui

Quindi si richiede la firma di un documento di uno dei genitori oppure di qualcuno che li rappresenta. Fare le veci quindi significa **rimpiazzare**, **sostituire**, **rappresentare**, ma non c'è nessuna nomina, nessun contratto da firmare. E' una sorta di auto-dichiarazione. A volte si usano anche i verbi "**fungere**" e "**supplire**" in alcuni contesti.

Fare le veci di qualcuno pertanto significa "**prendere il posto**", sempre in modo temporaneo di qualcuno. Ovviamente il facente funzioni è una persona che fa le veci di un'altra, ma se uso facente funzione è perché voglio indicare l'ufficialità e la legittimità della sostituzione.

Per usare facente posso anche dire:

Devo parlarvi di un membro **facente parte** dell'associazione da 1 anno.

In questo caso significa "**che fa parte**" dell'associazione.

Facente si usa anche nell'espressione "fare capo":

Per richiedere questo documento bisogna rivolgersi al ministero o ad un ufficio facente capo al ministero.

Quindi significa "**che fa parte**", che appartiene, che fa riferimento. C'è il senso della gerarchia però.

Se il mio ufficio fa capo al dipartimento A, allora è un ufficio **facente** capo al dipartimento A.

Anche il **supplente** sostituisce temporaneamente un altro in un determinato incarico o impiego. L'aggettivo si usa soprattutto nelle scuole:

Quando un professore o un maestro è assente si chiama il supplente

Si può usare sempre in realtà ma è un termine prettamente scolastico: i supplenti sono le persone che insegnano in cattedre prive di titolari o i cui titolari non sono in servizio.

Anche per fare il supplente bisogna avere il titolo di professore comunque. Questo non vale per il "**sostituto**", il termine più generico che potete usare sempre.

Alla prossima lezione di italiano professionale.

Lezione 31 del **corso di Italiano Professionale**. Ci troviamo sempre nella sezione n. 3, dedicata alle riunioni e agli incontri.

Parliamo dei **conflitti lavorativi,** qualcosa che può accadere e accade in effetti in tutti gli uffici del mondo, prima o poi. Le riunioni sono occasioni particolari perché possono manifestarsi apertamente dei conflitti che magari **covavano** da tempo, cioè esistevano da tempo ma rimanevano nascoste, ma nel frattempo crescevano.

L'argomento è interessante perché ci sono molte locuzioni, espressioni e verbi proprio come **covare** che si possono usare in questi contesti. Ovviamente la questione non riguarda solo le riunioni e gli incontri.

Mi vengono in mente ad esempio anche le

"**questioni irrisolte**", cioè i problemi mai affrontati e mai risolti, che possono portare a un **deterioramento** dei rapporti. Deteriorare significa danneggiare, rovinare, ma dà maggiormente l'idea del **logorio** che peggiora la situazione giorno dopo giorno. In effetti parlando di rapporti che non funzionano, il **deterioramento** equivale al **logoramento.** Piano piano si va verso la rottura.

Le questioni irrisolte non sono mai state risolte, almeno finora, e in questo caso si dice anche che **si trascinano** da anni.

Problemi che si trascinano da anni.

Quindi i conflitti, le **controversie** e i problemi possono trascinarsi da molto tempo, nel senso che si protraggono nel tempo, possono andare per le lunghe se non si affrontano mai. Nessuno ha mai voluto o potuto trovare una soluzione.

Occorre affrontare queste problematiche direttamente e onestamente, senza ignorarle, altrimenti, prima o poi, ci saranno conseguenze negative.

Se un ambiente di lavoro ha uno o più problematiche di questo tipo, di questioni **irrisolte**, soprattutto di tipo sociale, si crea un ambiente negativo. Non è raro descrivere un ambiente di questo tipo come un ambiente **tossico**, come se si respirassero sostanze **tossiche**, inquinanti, che nuocciono alla salute.

Le relazioni sociali sono importanti e può essere **deleterio** lavorare in queste condizioni molto a lungo. **Deleterio** significa nocivo per la salute fisica o spirituale.

Un modo per combattere i conflitti al lavoro è affrontare le persone coinvolte una ad una, privatamente e apertamente.

Bisogna identificare la **radice** dei problemi, cioè capire da dove sono nati i problemi.

Allo stesso tempo bisogna capire il punto di vista di tutte le parti coinvolte, per capire come viene percepito lo stesso problema: capire i punti di vista diversi dal proprio è molto importante.

Ad esempio:

Massimo è il coordinatore di un gruppo di lavoro, formato da colleghi del suo ufficio, e tutti insieme devono realizzare un documento in word per il dirigente. Il dirigente ha detto a Massimo di coordinare i suoi colleghi, senza dare ulteriori spiegazioni.

Massimo fa delle riunioni con i colleghi e si accordano sul da farsi, ma il modo di lavorare di queste persone è diverso: ognuno ha i suoi tempi, le sue capacità digitali, e spesso queste capacità non sono molto elevate. Massimo a sua volta non ha un buon carattere e quando qualcosa non va come lui crede, si rivolge ai colleghi in modo sgarbato, rimproverandoli: una volta perché non rispondono alle mail, un'altra volta perché non usano bene microsoft word, un'altra perché si capiscono male, ma soprattutto perché Massimo non sa bene quale sia il suo reale potere di intervento, e non se la sente di insistere più di tanto quando le cose non vanno bene. Quello che accade è che Massimo si tiene tutto dentro fino a quando non ne può più e scrive email di fuoco ai suoi colleghi. Ecco che il dirigente deve intervenire in quanto sollecitato a farlo da più membri del gruppo di lavoro.

In questi casi vengono ad incontrarsi e a sovrapporsi problemi di **incompatibilità di carattere** insieme a una mancanza del dirigente che non ha chiarito molto il ruolo di ognuno, confidando in un lavoro di squadra.

L'incompatibilità di carattere genera

spesso conflitti, ed essa consiste in una condizione che spesso, malgrado gli sforzi, non permette alle persone di andare d'accordo e di collaborare proficuamente.

I caratteri di due o più colleghi possono essere incompatibili, ma questo non dovrebbe impedire di lavorare insieme. C'è tuttavia chi dice che non esiste nessuna **incompatibilità di caratteri**, ma ciò che crea problemi è **l'incompatibilità di** azioni.

Sarebbero le azioni, i comportamenti, ciò che disturba e crea problemi, e così sono sempre le azioni che risolvono i problemi.

Quanti e quali problemi possono nascere in ufficio?

In questo caso il problema è nato dalla mancanza di informazioni e indicazioni precise da parte del dirigente e inoltre la mancanza di un dialogo continuo nel gruppo di lavoro.

Proviamo a vedere altri tipi di conflitti che

possono nascere e vediamo se esce fuori qualcosa da approfondire, qualche verbo particolare eccetera.

La scomparsa dei documenti è un problema   ricorrente. Qualcuno lascia sulla scrivania un foglio o un **faldone** di documenti, e misteriosamente il giorno dopo non c'è più. Qualcuno lo avrà preso? L'avrà buttato? L'avrà messo in qualche armadio?

Sarò stato io a appoggiarlo da qualche parte?

Qui entra in gioco l'organizzazione del lavoro, le regole condivise che si stabiliscono e l'ordine di ognuno dei lavoratori.

Lo stesso accade quando si crea un archivio di documenti, anche digitale:

Si stabilisce che tutti i documenti debbano essere salvati in un'**area comun**e, in un hard disk condiviso a cui tutti i PC possono accedere.

Ma chi deve archiviare i documenti? Che metodo seguire per l'archiviazione? Qualcuno l'ha stabilito?

Se l'archivio è cartaceo, si parla normalmente di **faldoni,** come ho detto in precedenza.

Un faldone è una cartella per documenti, in genere fatta di cartone, altre volte di plastica.

Ad ogni modo i faldoni sono fatti per essere inseriti in un armadio per conservarli e si scrive fuori cosa contiene.

Se non si stabilisce un metodo di archiviazione però ogni volta bisogna **spulciare** i singoli faldoni e i singoli documenti all'interno per ritrovare il documento che sto cercando.

Se l'archivio è digitale si parla di cartelle e di file, anziché faldoni e documenti.

A proposito: **spulciare** i documenti significa guardarli uno ad uno per vedere se contengono il materiale che sto cercando.

Un altra fonte di conflitti è legata alla **privacy**: documenti personali in giro per la stanza, cartelle sull'area comune strettamente personali.

Questo può creare discussioni:

La porta è chiusa a chiave! Come mai?

Certo, non si sa mai, ho un sacco di documenti personali in giro e ho paura che qualcuno li possa prendere e vedere.

Ma perché non li lasci a casa?

Ma fatti gli affari tuoi!

Questi sono affari miei, perché la stanza è anche la mia!

Poi ci sono molte persone che utilizzano la posta elettronica di ufficio per motivi personali.

Ma cosa succede se un lavoratore è assente per un lungo periodo e occorre che qualcuno apra la sua casella di posta? E' necessario, per evitare conflitti, chiarire subito che è consigliabile adottare un **disciplinare interno** che deve spiegare le modalità di utilizzo della posta elettronica.

Il **disciplinare interno** è un regolamento, un insieme di regole che vanno rispettate sul luogo di lavoro.

Ci sono poi metodi di lavoro differenti. Io posso essere più preciso, dettagliato, puntiglioso, attento a tutto, e questo mi porta a realizzare documenti più complessi e ad avere diversi rapporti con i clienti ad esempio, rapporti che dipendono anche dal carattere.

ll mio potrebbe essere più duro e rigido di un altro

Un mio collega può essere più superficiale, approssimativo, sbrigativo, ma allo stesso tempo più amichevole e flessibile. Ma allora?

Nasce spesso l'esigenza di **uniformare** i comportamenti e le procedure.

Molte aziende stabiliscono dei protocolli di comportamento delle procedure che vanno seguite passo passo. A volte anche delle parole da pronunciare in alcune circostanze.

La parola d'ordine allora è **uniformare** in questo caso. Uniformare significa rendere uniforme qualcosa, standardizzare le procedure, i documenti eccetera.

Poi: chi ha messo le mani per ultimo su questo documento?

Non c'è scritto da nessun parte chi è stata la persona ad avere rapporti con un certo cliente? E come mai non si trova la ricevuta del cliente? Stiamo parlando di **tracciabilità**.

E' sempre bene sapere chi ha fatto cosa, in modo da evitare fraintendimenti e discussioni. Questa è la **tracciabilità**: deve restare **traccia** delle operazioni che si fanno e si deve sapere chi le ha fatte e quando!

Chi decide poi le **priorità**? Quali sono le cose più importanti da fare?

Le priorità sono naturalmente compito del capo, che deve decidere quale cosa è più importante e quale meno.

La **priorità** può anche cambiare poi: le cose sono in continuo mutamento.

Si parla spesso di **ordine di priorità** quando si fanno riunioni in ufficio.

Ci sono poi i **fraintendimenti**, o **malintesi**, termini che spesso sono sostituito dall'equivalente inglese *misunderstanding*. Insomma: due persone non si capiscono bene e nascono problemi:

Se non sei d'accordo con me puoi dirlo apertamente, senza fare troppe critiche. Fai sempre il **bastian contrario** quando parlo io.

No, mi hai **frainteso**, io faccio **l'avvocato del diavolo** perché voglio che la cosa funzioni. Non faccio il bastian contrario.

Ecco: fare l'avvocato del diavolo è una cosa produttiva, ha una finalità positiva: superare le difficoltà, prospettare gli scenari più negativi al solo scopo di preparare le possibili soluzioni, per non farsi trovare impreparati.
Tutt'altra cosa è fare il **bastian contrario**. C'è anche un episodio dedicato a questa espressione se volete.

Infine questo mi dà l'occasione di parlarvi di **due diverse tipologie di conflitti lavorativi,** quelli che avvengono sui contenuti e quelli che sono invece di carattere personale.
Nei conflitti sui contenuti le critiche non sono **mosse** alla persona ma sul singolo aspetto che non trova tutti d'accordo.

Muovere una critica è un'espressione interessante. Significa fare delle critiche, ma è un modo più formale. é un giudizio sfavorevole sulle parole o azioni di altre persone.

Ma se la critica è mossa ad una persona, tipo:

Così non va, vai sempre troppo troppo veloce quando parli e non c'è una logica. Non si capisce nulla!

Allora la comunicazione è competitiva, è personale. Non c'è più obiettività nel confronto. L'obiettivo comune **passa in subordine** e l'egocentrismo diventa protagonista.

Ecco: "**passare in subordine**" equivale a diventare meno importante, scendere nella scala delle priorità. Anche questa è un'espressione abbastanza formale.

Potremmo dire che di fronte ad una crisi economica improvvisa, i problemi della privacy personale passano in subordine.

Quindi, di fronte a una "criticità" di questo tipo, di fronte cioè ad un conflitto distruttivo e non costruttivo, basato sul giudizio personale e non sui contenuti, si perde di vista l'obiettivo comune. I conflitti personali sicuramente **minano** la serenità dell'ambiente di lavoro.

Minare non si usa solo nelle guerre. Non significa solamente collocare una mina cioè mettere una carica esplosiva in un'area. Questo sarebbe minare in senso proprio.

In senso figurato si possono minare dei rapporti, si può minare la tranquillità di un ambiente di lavoro. Il senso è chiaro: indebolire, inserire qualcosa che può far "esplodere" dei rapporti personali.

Quando esplode una situazione conflittuale che **covava** da tempo, specie durante una riunione, spesso la cosa **degenera**. Può capitare che una persona ad un certo punto si alzi e se ne vada, **stizzita** per la risposta di un partecipante alla riunione.

In questo caso ho usato il verbo "**degenerare**": una situazione degenera quando si perde il controllo, quando non si hanno le capacità di gestire la situazione. Degenerare sta per cambiare, svilupparsi in peggio. Andare verso il peggio.

Poi ho usato il verbo "**stizzirsi**". Quando una persona si stizzisce si arrabbia. Ha questa reazione improvvisa per qualche motivo: una critica, una parola sbagliata di qualcuno, un sorriso maligno, una presa in giro.

Dai, non stizzirti per così poco. Cosa ti ho detto? Che fai te ne vai adesso?

Se sono qui per farti ridere non ha senso che io rimanga!

Accidenti, e adesso che facciamo?

Mi è appena venuto in mente un altro verbo importante: "**scavalcare**".

Al lavoro può accadere di scavalcare qualcuno o di essere scavalcati da qualcuno. Che significa? In senso proprio superare un ostacolo passandogli sopra. Questo è scavalcare. Ma se si scavalca un collega o, peggio ancora, il proprio dirigente, si fa una mancanza di rispetto nei suoi confronti. Come si fa a scavalcare una persona? Basta prendere una decisione o un'iniziativa che spetterebbe a un superiore, o a un collega, trascurando così la **prassi** gerarchica.

Capito cosa ha fatto Giovanni? Mi ha **scavalcato**, ha scavalcato il suo capufficio ed è andato dal direttore, senza di me!

Ma cosa accade quando una persona ti **scavalca**?

Succede che ti è stato fatto un **torto**, uno **sgarbo**, ma posso anche dire che hai subito una scorrettezza, o peggio ancora, una **bassezza**.
Ecco un'altro bel termine che ha a che fare con i conflitti al lavoro. Le **bassezze** sono persino peggio dei **colpi bassi,** una espressione presa in prestito dal linguaggio della boxe (il pugilato) per indicare una **scorrettezza**. Se io faccio una **bassezza** ad un collega

faccio un'azione vile, pessima, si dice anche che "gioco sporco".

Non esiste persona da temere di più di una **capace di ogni bassezza.**

Adesso facciamo un esercizio di ripetizione per ripassare quello che abbiamo imparato.

Ci sono questioni irrisolte che si trascinano da anni.

Non bisogna covare sentimenti negativi e i risentimenti.

I rapporti si stanno deteriorando. Bisogna intervenire.

Superare le controversie tra i colleghi è il primo obiettivo.

Bisogna andare alla radice del problema, altrimenti è deleterio per tutti.

Io e Massimo siamo incompatibili di carattere.

Dov'è il faldone dei documenti?

Devo spulciare in tutto l'archivio per trovarlo?

Non potete fare come volete. C'è un disciplinare ben preciso che ha l'obiettivo di uniformare le procedure.

Tra le priorità dell'ufficio non c'è fare ordine nell'armadio.

La tracciabilità è molto importante. Bisogna sapere chi ha cancellato questo file. Non voglio essere frainteso.

Non vorrei che il rispetto delle regole sia passate in subordine.

I dubbi sull'onestà dei colleghi minano la fiducia reciproca.

Questa discussione sta degenerando.

Non bisogna stizzirsi, altrimenti non risolviamo alcun problema.

Sono stato scavalcato. Che mancanza di rispetto!

Giovanni ha registrato tutto col suo telefono mentre criticavo il direttore. Che bassezza!

Lezione 32: **Parlare di situazioni ipotetiche**

Lezione 32 del **corso di Italiano Professionale**.

Ci troviamo sempre nella sezione n. 3, dedicata alle **riunioni e agli incontri**. In questa lezione, anzi, io parlerei di chiacchierata, parliamo di situazioni **ipotetiche**.

Parliamo quindi di situazioni **immaginarie**, quindi ipotetiche.

Quando si parla di ipotesi, infatti, usiamo la nostra immaginazione, costruendo delle situazioni ipotetiche, che si potrebbero verificare con una certa probabilità. Quindi usiamo anche la nostra intuizione, perché quando parliamo in pubblico, bisogna ipotizzare e quindi prospettare ai nostri colleghi, delle situazioni che abbiano una certa probabilità di presentarsi in futuro, quindi dovremmo parlare di situazioni più o meno verosimili, più o meno vicine alla realtà, che riflettono le possibili conseguenze di certi fatti.

Le persone usano sempre la loro immaginazione. Qualche volta, anzi, spessissimo, pensiamo a qualcosa che potrebbe accadere in futuro. Altre volte dobbiamo immaginare diverse situazioni al fine di capire la migliore decisione da prendere oggi o nel futuro.

In queste situazioni, si usano modalità diverse, soprattutto verbi particolari, che spesso un non madrelingua non capisce bene e non sa bene come formulare la frase.

Quando costruiamo un'ipotesi, nel linguaggio di tutti i giorni iniziamo subito con "se" , "qualora" , "nel caso in cui*, eccetera, ma in un contesto lavorativo, di solito si cerca di creare una situazione ipotetica, uno" scenario" se parliamo del futuro. Si può usare anche "se" e insieme uno di questi termini.

Ci sono diversi modi per farlo.

Potremmo iniziare con "**supponiamo**", o "**immaginiamo**" o "**ammettiamo**" e

"Ipotizziamo".

Ammettiamo che domani inizi una crisi pandemica. Cosa dovremmo fare?

Supponiamo che tu sia il direttore della nostra banca.

Immaginiamo una situazione in cui non ci siano proteste tra i lavoratori. Se ipotizziamo uno scenario ottimistico, il nostro fatturato aumenterà del 20%.

Possiamo ugualmente iniziare con:

Pensiamo ad una situazione di parità salariale tra uomini e donne.

Prova a immaginare cosa accadrebbe se fossi al mio posto

Metti che il prossimo anno raddoppiamo la produzione

Consideriamo per un attimo l'ipotesi di dissesto finanziario

"**Metti che**" è una modalità informale, in pratica una scorciatoia di "**ammettiamo**

che".

La differenza è anche che, nel verbo successivo, quando usiamo ammettere, usiamo il congiuntivo, ed è quello che accade quasi sempre, mentre con se inizio con "metti che" usiamo l'indicativo:

Se ad esempio volessi **prospettare** un crollo del mercato, potrei dire:

Metti che crolla il mercato!

Ammettiamo che crolli il mercato

C'è da dire che spesso quando si usa "**metti che**" la frase è sotto forma di domanda:

Metti che crolla il mercato? Che succederebbe in questo caso?

Quando non è una domanda, ecco tutte frasi equivalenti:

Ipotizziamo che crolli il mercato

Supponiamo che crolli il mercato

Consideriamo l'ipotesi che il mercato crolli

Pensiamo ad una situazione in cui crolli il

mercato

Proviamo a immaginare cosa accadrebbe se crollasse il mercato

Immaginiamo un crollo del mercato

Oppure:

Mettiamoci nella situazione in cui il mercato crolli

Qui siamo noi a pensare di vivere questa situazione ipotetica.

Oltre a "**metti che**", un'altra modalità informale è "**facciamo finta che**".

Facciamo finta che ci sia un crollo del mercato improvviso, cosa faremmo in quel caso?

Adesso facciamo un po' di pratica con queste modalità appena descritte. Ascolta i seguenti esempi e prova a ripetere:

Prova ad immaginare un'azienda con sole donne.

Diciamo che otteniamo un finanziamento di

10 milioni di euro.

Supponiamo che tu venga assunto. Come farai col vecchio lavoro?

Metti che ottieni quel lavoro che tanto desideri. Saresti felice?

Prova ad immaginare una situazione peggiore di questa. Ci riesci?

Ammettiamo di tornare alla situazione pre-covid.

Facciamo finta di non saper nulla di economia.

Finora vi ho fatto esempi più che altro riferiti a contesti lavorativi, senza però fare una distinzione tra situazioni ipotetiche che riguardano il passato, il presente e il futuro. Vediamo allora degli esempi più mirati.

Se parliamo del passato:

Supponiamo che tu sia laureato in economia

Ammettiamo di aver fatturato il triplo rispetto allo scorso anno

Facciamo finta che non ci sia stata la crisi economica

Ipotizziamo di aver risolto il problema delle quote rosa

Proviamo a immaginare cosa sarebbe il mondo senza le donne

Se parliamo del presente o del futuro:

Ammettiamo che oggi superi l'esame

Ipotizziamo di arrivare tardi alla riunione

Supponiamo di battere la concorrenza

Consideriamo l'ipotesi di avere dati obsoleti
Supponiamo che sia esattamente come dici tu
Ammettiamo che sia valida la prima ipotesi

Immaginiamo di dover licenziare la metà dei nostri dipendenti entro l'anno
Supponiamo di non riuscire a superare le aspettative
Poniamoci nella situazione di dover ricorrere al licenziamento per alcuni lavoratori
Ipotizziamo lo scenario peggiore possibile

Notate che in genere anche quando si parla

del futuro non si usa il tempo futuro. Non dico "ammettiamo che avverrà esattamente questo" ma diciamo "ammettiamo che avvenga questo".

Questo vale per tutte le forme viste, tranne quelle più informali, dove per definizione si ha una maggiore libertà:

Metti che la verità verrà a galla? Facciamo finta che ciò che dici si avvererà.

Adesso invece voglio parlarvi di un termine particolare: la **congettura**.

Un sostantivo che generalmente si usa quando si fanno ipotesi macchinose, complicate, poco credibili.

Generalmente si usa quando si commenta una ipotesi di questo tipo:

Secondo me le ipotesi di cui si è parlato sono congetture poco credibili.

A me questa sembra una congettura. Non mi convince

Si tratta di un giudizio fondato su apparenze, su indizi. Si studia un fatto, un fenomeno, una situazione e si cercano delle relazioni e quindi si cerca di costruire una legge generale, trovando cause ed effetti. Ma alla fine di questo processo a volte può sembrare che alcuni ragionamenti siano superficiali, e allora è facile parlare di congetture. È una interpretazione, una deduzione, fondato più che altro sull'intuito. Ci sono congetture che si possono ritenere vere, cioè almeno credibili, ma in realtà non sono mai dimostrabili. Si tratta appunto di ipotesi, spesso complicate, a volte bizzarre. Quasi sempre poco credibili. Si usano spesso in matematica, dove ci sono i teoremi, che sono dimostrabili, e le congetture, alcune di queste molto famose, ma ancora non dimostrabili ma basate su supposizioni, ipotesi, deduzioni. Da qui i verbi supporre, ipotizzare e dedurre. Spesso si parla di mera **congettura** per evidenziarne il carattere precario, lontano dalla realtà. Spesso si fanno **congetture** in ambito lavorativo, ma quando si usa questo termine al posto di "ipotesi" vogliamo evitarle, o sottolinearne la scarsa probabilità. Come andrà il prossimo anno? Inutile fare **congetture**, finché il problema covid non sarà risolto.

Se vogliamo dare il messaggio contrario dobbiamo invece parlare di **ipotesi realistiche, plausibili** o anche di scenari realistici e plausibili.

Ad ogni modo la congettura sottolinea sia la poca realisticità che la complicazione dell'ipotesi.

Prima ho usato anche **prospettare**, un verbo che possiamo anche usare per fare ipotesi. Infatti deriva dal latino e significa "guardare innanzi o da lontano".

Possiamo affermare che:

Il lavoro si prospetta difficile.

È come dire che da quello che **sembra** sarà difficile.

Si prospetta una giornata soleggiata Questa.

È sempre un'ipotesi realistica sul futuro, basata su fatti o conoscenze attuali. Il verbo sembrare diventa prospettare. Attenzione però perché non stiamo cercando di ipotizzare una situazione questa volta. Quest'anno si prospettano dei ricavi più che raddoppiati rispetto allo scorso anno. Stiamo invece dicendo cosa sembra plausibile oggi alla luce delle informazioni che abbiamo. Non ci sono congetture. È semplicemente la tendenza attuale, senza considerazioni personali o ipotesi fantasiose o complicate. Bisogna però usare la forma impersonale "si prospetta" altrimenti il significato può cambiare. Può significare anche **mostrare, esporre, porre all'attenzione altrui**, cioè **far vedere ad altre persone**.

Durante la riunione Giovanni ci ha prospettato tutte le possibili soluzioni.

Il direttore ci ha prospettato le diverse possibilità che abbiamo per aumentare la produzione.

Quando si fa un prospetto, se parliamo di ipotesi generalmente si mostrano tutte le Ipotesi possibili.

Vorrei un prospetto delle possibili evoluzioni future per poter prendere una decisione.

Ci vediamo al prossimo episodio di Italiano Semplicemente.

Lezione 33: La reperibilità

Giovanni: in tema di riunioni ed incontri, ma non solo in questo ambito, un concetto molto importante in ambito lavorativo è quello della **reperibilità**.

In particolare voglio parlarvi di due tipi di reperibilità, quella legata al denaro e quella dei lavoratori.

In generale la reperibilità è la possibilità di reperimento.

Allora bisogna spiegare che significa reperire.

Fondamentalmente reperire significa "trovare". Meglio ancora, possiamo dire che se una cosa è reperibile, allora abbiamo la possibilità di trovarla.

Questa possibilità che abbiamo, come e quando può essere utile nel linguaggio e in quali occasioni ci può risultare utile?

Dicevo che in tema di denaro o in generale di disponibilità economiche, si possono ad esempio reperire dei fondi, cioè reperire delle disponibilità economiche, vale a dire che esiste la possibilità di trovare del denaro che si potrebbe utilizzare nella nostra attività.

Così si può anche **reperire un prestito.**

Ma perché usare questo verbo?

Il motivo è che bisogna trovare, rinvenire qualcosa la cui ricerca comporta a volte **difficoltà**.

Se questo allora è il significato molte altre cose sono reperibili.

Reperire **indizi** per dimostrare qualcosa, come dicevo, reperire dei **fondi** per un'impresa, reperire delle **prove** per accusare una persona, reperire dei **collaboratori**.

È molto simile a **procurarsi**, verbo da cui deriva, in effetti, dal latino.

Nel verbo reperire il concetto più importante è però non quello della **difficoltà**, ma quello della **possibilità o disponibilità** che non implica l'utilizzo. Ciò che conta è che qualcosa è reperibile, cioè trovabile, disponibile, ma non è detto che io voglia effettivamente utilizzare questa cosa.

Questo significa che una cosa reperibile si può trovare con una certa facilità, proprio perché è a disposizione. Quindi come vedete il concetto di facilità e difficoltà sono legati al momento.

In teoria è qualcosa di difficile da trovare, ma se uso questo verbo dicendo che qualcosa "è reperibile" allora voglio dire che è disponibile, facilmente rintracciabile, nonostante le difficoltà legate.

Posso anche dire che nei libri di italiano semplicemente è reperibile un link per scaricare i file audio relativi alle singole lezioni.

"È reperibile" significa pertanto a volte "è disponibile" , altre volte "si trova", "sta a disposizione", "è rintracciabile" , "è rinvenibile", "è ritrovabile" e non si usa per cose banali al posto di trovare.

Non si può dire:

Mi prendi per favore il telefono che è reperibile sul divano.

Perché non c'è alcuna difficoltà in questo.

Se usato al di fuori del lavoro fa un po' ridere e si rischia di essere presi in giro. Potrebbe sembrare che ti stia dando delle arie.

Posso dire però:

Un libro è reperibile nelle librerie.

Puoi reperire dei dati per la tua tesi di laurea sul web.

È possibile reperire un insegnante di italiano madrelingua in questo paese?

In ambito lavorativo la reperibilità è anche un concetto che riguarda i **lavoratori** come dicevo.

Quando si parla di reperibilità si fa generalmente riferimento all'obbligo del lavoratore di rispondere immediatamente alla chiamata del datore di lavoro e di recarsi subito in azienda.

Quindi parliamo di essere a disposizione della propria azienda qualora ci fosse bisogno.

Questa reperibilità è disciplinata dalle norme ed è anche remunerata.

Più informalmente si può però usare la reperibilità in altre situazioni.

Se siamo in una riunione e abbiamo bisogno di sentire una persona assente, bisogna verificare se questa persona è reperibile o meno. Se è reperibile possiamo chiamarla e eventualmente farla venire alla riunione.

Oppure chiedere:

Sei reperibile domani se avessimo bisogno di te?

Risposta:

Domani sono sempre reperibile.

Oppure:

Domani sono sempre reperibile a parte dalle 18 in poi perché dopo andrò in una zona in cui non prende il telefono. Non c'è campo. Quindi inutile chiamarmi dopo le 18.

Bisogna **reperire** anche Giovanni perché sono due ore che lo cerchiamo per un problema al server.

In caso di problemi, sono **reperibile** al solito numero di telefono.

Attenzione però perché, se non fosse ancora abbastanza chiaro, il concetto di reperibilità non è identico a quello di disponibilità.

A parte il concetto giuridico legato alla remunerazione, c'è il rischio che si faccia confusione.

Sei disponibile per domani?

Questo implica un impegno di partecipazione, di responsabilità a fare qualcosa, come ad esempio nel partecipare a una riunione.

Sei reperibile per domani?

Questo indica che potresti essere ovunque, ma sei pronto a ricevere una telefonata oppure disponibile per lavorare.

Non sono disponibile a fare una riunione alle 10 ma sono comunque reperibile.

Cioè non posso partecipare alla riunione se verrà organizzata alle 10, per altri impegni già presi, ma comunque potete chiamarmi se volete e chiedermi qualcosa.

Alla prossima lezione di Italiano Professionale.

Lezione 34: Come dare suggerimenti

Giovanni: Oggi trattiamo un tema importantissimo per affrontare **una riunione, un incontro, una tavola rotonda o un incontro professionale di qualsiasi tipo: i suggerimenti e le proposte**

Cos'è un suggerimento? Che significa suggerire?

Vorrei fare una premessa prima di iniziare. Nell'episodio verranno **rispolverate** alcune espressioni della **prima sezione** del corso. In questo modo avrete modo di ripassare un po'.

Suggerire è l'azione, il fatto consigliare qualcosa da fare o da non fare, aiutare qualcuno dando un consiglio sul da farsi: la cosa stessa consigliata si chiama consiglio o suggerimento. Si può parlare anche di **avvertimento** delle volte, ad ogni modo si dice qualcosa che mira a consigliare o sconsigliare un'azione.

Una **proposta** è più ampio come concetto: **è quanto viene presentato all'altrui attenzione.** A volte si presenta come un suggerimento, altre volte è qualcosa da accettare o rifiutare e spesso ha un senso legato agli affari: "una proposta di lavoro" ad esempio, oppure una proposta intesa come offerta: "una proposta di matrimonio", "una proposta di vendita" eccetera. In questo caso non si tratta di suggerimenti.

Oggi parliamo di proposte, intese come idee da condividere per risolvere un problema; quindi, siamo più vicini al concetto di suggerimento o di consiglio, sebbene il termine **consiglio** faccia pensare che chi lo dà è esterno e non è coinvolto nel problema da risolvere.

Bene, allora vediamo come fare se abbiamo una riunione di lavoro e vogliamo aiutare in tal senso.

Vedremo dunque come dare un **suggerimento, come accettarlo e come rifiutarlo, scartarlo, rigettarlo.**

Il primo consiglio quando si dà un suggerimento è **non usare l'indicativo e il futuro**: fai questo, fai quello, devi sapere che, se non faremo così ci saranno queste conseguenze, eccetera. La questione l'abbiamo già affrontata nella lezione dedicata alle istruzioni, per **fornire istruzioni con cortesia**.

E' molto più adatto invece presentare la frase con formule diverse. Ad esempio:

Posso dare un suggerimento? **Penso che** dovremmo aumentare il personale laureato.

Io suggerirei di aumentare il prezzo.

Io consiglierei di aumentare la gamma dei nostri prodotti

Io sconsiglierei di fare le cose di fretta

Secondo me si potrebbe tentare la

strada del prodotto di nicchia.

Probabilmente dovremmo considerare un taglio del personale

Potremmo fare una cosa: dare un girono libero in più al mese come premio produttività.

Una possibilità potrebbe essere quella di creare un nuovo dipartimento per i prodotti in vendita online.

Ci potrebbe essere una possibilità per uscire dalla crisi: si potrebbe valutare l'ipotesi di vendere un ramo dell'azienda? Che ne dite?

Dunque bisogna evitare di esprimersi in modo categorico, perché si sta discutendo, si sta cercando una soluzione insieme, e nessuno ha la soluzione in tasca. Siamo curiosi di sapere l'opinione degli altri, come è giusto che sia, senza presunzione. Allora evitiamo frasi come:

Io **suggerisco** di aumentare il prezzo.

Io **consiglio** di aumentare la gamma dei nostri prodotti

Secondo me **si deve** tentare la strada del prodotto di nicchia.

Dobbiamo assolutamente considerare un taglio del personale

La soluzione è una sola: dare un girono libero in più al mese come premio produttività.

L'unica possibilità è quella di di creare un nuovo dipartimento per i prodotti in vendita online.

C'è una sola possibilità per uscire dalla crisi: vendere un ramo dell'azienda? Ok?

Una buona idea è anche usare "**forse**":

Forse si potrebbe chiedere una consulenza.

Forse dovremmo valutare se è il caso di dichiarare fallimento

Forse si potrebbero aumentare i turni di

notte

Togliendo il "forse" rendete il vostro suggerimento più vicino ad una proposta.

Un'altra buona idea è quella di presentare un'idea senza mostrarsi troppo affezionati ad essa:

Ho un suggerimento che potrebbe piacervi: **che ne dite se** proviamo a migliorare la grafica per attirare un pubblico più giovanile?

La vostra proposta potrebbe anche non piacere, e per questo meglio presentarla come un'idea, una possibilità, non come esattamente una proposta, in modo da non mettere nessuno in difficoltà se non fossero d'accordo.

Che ne dite se...

Che ne dite di...

Dobbiamo far seguire queste frasi da un verbo all'infinito con "di":

Che ne dite **di assumere** altro personale?

Che ne dite di **dichiarare** fallimento?

Quando usiamo "Che ne dite se" possiamo usare il congiuntivo (facessimo) o l'indicativo:

Che ne dite **se assumessimo** un esperto in finanza?

Che ne dite **se proponiamo** ai dirigenti un aumento stipendiale?

Un'idea può anche essere azzardata, bizzarra e forse **peregrina**, ma non vogliamo scartarla a priori per questo. Vogliamo sentire cosa ne pensano gli altri senza però presentarla come un'idea geniale. C'è una formula per questo: "la butto lì". Informale ma molto utilizzata.

La butto lì: che ne dite di proporre ai nostri clienti di acquistare delle quote della società?

"La butto lì" si riferisce all'idea, quindi si tratta di buttare un'idea sul tavolo (espressione idiomatica) per poterla discutere. E' un'espressione informale, quindi non da prendere troppo seriamente, ma chissà...

La butto lì: e se facessimo un incontro a settimana con i lavoratori di tutti i livelli per motivarli?

Per presentare la cosa come un'ipotesi da prendere in considerazione e non esattamente come una proposta potremmo anche usare:

E' **solo** un'idea, ma che e dite se..

Anche questa formula sicuramente non metterà in difficoltà nessun collega nel rifiutare questo suggerimento.

Vediamo adesso i modi più appropriati per **accettare** o **rifiutare** una proposta o un suggerimento.

Quando rifiutiamo un suggerimento, ciò che conta è non offendere o urtare i sentimenti di chi ha dato il suggerimento.

Ad esempio:

E' una buona idea, ma non sono sicuro che funzionerà.

Questo è un buon modo, abbastanza delicato, per rigettare un suggerimento.

Oppure:

Ottimo suggerimento. Tuttavia, vedo almeno due cose che potrebbero non funzionare...

In linea generale, apprezzare per il suggerimento è sempre una buona idea. Per rigettare il suggerimento in modo gentile basta aggiungere una motivazione:

Ottimo, sebbene ci siano alcune cose che non mi convincono completamente...

Grazie del suggerimento, ma non sono proprio sicuro che questo possa funzionare

Bell'idea, ma in alcune occasioni, questa soluzione ha però evidenziato che...

La proposta è interessante, ma **ad essere onesti,** nel nostro caso credo sia da scartare perché...

In tempi normali sarebbe un'ottima soluzione, ma francamente, credo che questo tipo di soluzione stavolta non funzionerà.

Ottimo. A dire il vero però avevamo già pensato a questo ma le nostre risorse non ci consentono scelte così onerose.

Accettare un suggerimento è molto più semplice:

Bene, come mai non avevamo pensato prima a questa soluzione?

Ottimo secondo me, gli altri che ne pensano?

Sai che l'idea non mi dispiace affatto?

Ottima idea, una soluzione semplice e economica.

Potrebbe valere la pena di provare, perché no!

Sai che questa è proprio un'ottima idea?

Ok, perfetto, facciamo così! Mi sembra

possa funzionare!

Niente male come idea!

Sì credo che potrebbe funzionare molto bene così!

Buon'idea!

Grandissima idea!

Un'idea geniale direi!

Infine, se la proposta o il suggerimento necessita di ulteriore **approfondimento e valutazione,** possiamo rispondere:

Uhm, lasciatemici pensare un po', ho bisogno di riflettere s quest'idea

Credo che la sua proposta meriti un approfondimento. Avrà una risposta entro domani.

La questione merita di essere approfondita. Ci sono alcune questioni economiche da valutare. Avrete mie notizie entro una settimana.

Il suo suggerimento è assolutamente

valido, tanto che mi riservo di valutarlo. Mi ci vorranno un paio di giorni.

L'idea non è assolutamente da valutare frettolosamente. Perché non cerchiamo di valutare i risvolti economici?

Il suo suggerimento mi fa riflettere. Va bene se ne parliamo la prossima settimana?

Non voglio valutare **a cuor leggero**. Mi occorre qualche giorno per pensarci

Adesso proviamo a mettere alla prova le tue capacità. Come abbiamo visto ci sono diversi modi per dare un suggerimento, accettare, rigettare o valutare successivamente un suggerimento. Scegline uno.

Prova a proporre:

Creare un nuovo logo aziendale, più colorato e accattivante.

....

es:

Che ne dite se proviamo a creare un nuovo logo, più colorato e accattivante?

La butto lì: e se facessimo un logo più colorato e accattivante?

Un'idea potrebbe essere di creare un logo più colorato e accattivante

Forse, ma è solo un'idea, si potrebbe provare a creare un logo più colorato e accattivante

Poi prova a accettare, rigettare o valutare la proposta:

Prova adesso ad **accettare**:

.....

Che bell'idea, io direi che si può provare! Il rosso deve essere il colore predominante però!

Perché no! Tentar non nuoce! Puntiamo sul verde!

Grande idea! come mai non ci abbiamo pensato prima!

Sai che l'idea non mi dispiace affatto? Mi piacciono i colori accattivanti.

Credo che valga assolutamente la pena di provare!

Perfetto! **Il tempo stringe** ragazzi, quindi direi di mettersi subito al lavoro!

Prova adesso a **rigettare**:

Grazie del suggerimento, credo però che non funzionerà perché ai nostri clienti interessa solo il prodotto

Bell'idea, ma già una volta lo abbiamo fatto con risultati non eccezionali. Poi le stampe in bianco e nero sono più economiche.

La tua proposta è **sulla buona strada**, ma a noi serve qualcosa di più veloce ed economico.

La proposta è interessante, ma ad essere onesti, i nostri clienti sono anziani e poco sensibili a questo.

L'idea non è male e ad alcuni clienti potrebbe piacere, ma si corre il rischio di non essere più riconosciuti. Francamente il rischio credo sia troppo alto.

Ottimo. A dire il vero però avevamo già pensato a questo ma ci mancano i tempi per la pubblicizzazione del nuovo marchio.

Adesso prova a prendere tempo, per valutare la proposta:

Dunque, la proposta potrebbe essere valida, ma non voglio valutarla, **a cuor leggero**. Ho bisogno di una settimana per valutare **annessi e connessi.**

Bello, vorrei che mi dettagliassi la proposta **per filo e per segno**, in modo da poterla valutare attentamente.

Non mi dispiace affatto l'idea. Allora **stringiamo i denti** e proviamo a valutare bene tutti entro la giornata. Ci aggiorniamo alle 22.

Bene, mi sembra interessante, ma occorre valutare bene vantaggi e svantaggi per non essere **presi alla sprovvista** da brutte sorprese.

La proposta credo **vada per il verso giusto**. Ci rivediamo domani per la mia risposta?

Alla prossima lezione di Italiano Professionale.

Lezione 35: **Alcuni verbi usati durante le riunioni: proporre, accettare, dare credito, diffidare, accordare, esplicare, emergere, discutere.**

Giovanni: con questo episodio terminiamo la sezione terza del corso di Italiano Professionale, dedicata agli **incontri di lavoro.**

Ho pensato che fare una panoramica su alcuni verbi particolari può essere un buon modo di concludere questa sezione, fermo restando che cogliamo come sempre l'occasione di ripassare le passate lezioni, in perfetto stile Italiano Semplicemente.

Avevo ho pensato ai seguenti verbi: **Proporre**, **accettare**, **dare credito**, **diffidare**, **accordare**, **riporre**, **esplicare**, **emergere**, **discute re**, **contestare**, **criticare**, **dibattere.**

Vediamoli uno alla volta e poi alla fine vi propongo un esempio reale di utilizzo, con qualche frase che vi invito a ripetere.

Iniziamo da **discutere**, un verbo pericoloso perché ha diversi significati. Innanzitutto, ha un senso positivo, perché è simile a **dialogare**. Significa analizzare un problema o qualsiasi altra cosa attraverso un dialogo in cui ogni interlocutore possa portare un proprio contributo alla discussione.

Vorrei discutere **con** voi della nuova organizzazione aziendale

Finalmente oggi durante la riunione abbiamo discusso **delle** nuove assunzioni.

Stiamo discutendo un progetto **con** la dirigenza.

Discutendo **tra** di noi possiamo arrivare ad una soluzione al problema.

Questo è il senso più positivo del verbo.

Il fatto è che discutere significa anche **contestare** esprimendo riserve o obiezioni, quindi è simile a **criticare,**

obiettare, contestare.

Quando non si è d'accordo si discute, si instaura una discussione, a volte dura, aspra.

Quando parla il direttore non puoi discutere la sua parola.

I diritti dei lavoratori non si discutono

Discutere spesso è anche conversare più o meno animatamente su un argomento, quindi similmente a **dibattere.** Un altro verbo interessante.

Oggi in ufficio abbiamo discusso di politica

Una frase di difficile interpretazione perché non è ben chiaro se la discussione è stata pacata, tranquilla, oppure non molto piacevole. L'argomento della discussione spesso ci aiuta a capirlo.

Abbiamo discusso su un problema

Non mi piace discutere inutilmente

A discutere con i miei colleghi mi viene

sempre il nervoso

Discutere quasi mai è litigare, comunque il confronto spesso è animato.

Ho dovuto discutere con il direttore e sono stata licenziata

Ho discusso animatamente sulla questione del rinnovo del contratto

Dibattere, dicevo, è interessante: significa discutere a fondo, esaminare una cosa in tutti gli aspetti.

Il problema degli stipendi è stato a lungo dibattuto

Dibattere significa **vagliare** i pro e i contro di un problema, una questione sulla quale non c'è accordo d'opinioni. Del verbo **vagliare**, se volete dare un'occhiata, abbiamo dedicato uno specifico episodio.

La questione sarà assai dibattuta oggi in riunione

Ad ogni modo potete dare un'occhiata anche alla lezione dedicata ai disaccordi,

cioè come **esprimere un disaccordo**.
Nei dibattiti ci sono spesso continui botta e risposta.

Passiamo a **proporre**.

Beh, diciamo che prima ancora di contestare qualcosa o avviare una discussione, bisogna aspettare che qualcuno faccia una proposta.

Anche la proposta di discutere di un argomento o di un altro è una proposta a tutti gli effetti.

Io direi che in qualsiasi incontro, professionale o no, c'è sempre qualcuno che **propone** qualcosa per avviare una discussione,un dialogo. Sennò che ci si incontra a fare?

E infatti proporre significa presentare qualcosa all'attenzione e al giudizio altrui. Si usa anche **avanzare** una proposta in questi casi.

Si offre un'idea all'accettazione altrui,

simile a **consigliare**.

Che ne dite se...?

Questa è una proposta.

Si propone anche una soluzione.

Si può proporre una strategia, un affare ai soci o colleghi.

Che ne dite di fare una pausa?

Ho appena proposto di fare una pausa.

Ma si può anche **proporsi**.

Mi propongo **come** coordinatore di questo progetto.

Dobbiamo proporci **di** raggiungere questo obiettivo in massimo 1 anno.

Quindi ci si può offrire, cioè proporre sé stessi, oppure ci si può proporre un obiettivo comune durante un incontro. Questi sono i due utilizzi di proporsi.

Il verbo **suggerire** è simile e lo abbiamo già affrontato, e anche in questo caso vi suggerisco di approfondire le differenze.

In un incontro le proposte arrivano generalmente prima dei **suggerimenti**, che sono in genere proposte per risolvere problemi.

La proposta può essere poi **accettata**, **criticata**, **discussa**, **contestata**, **dibattuta**, **rifiutata** o **persino derisa.**

Molto dipende anche dal **credito** di chi fa la proposta.

Ho detto "credito".

Chi gode di un certo credito gode di fiducia, stima, prestigio.

Allora una proposta che viene da una persona che gode di un certo credito sarà più facilmente accettata, meno probabilmente criticata, magari qualcuno potrà discuterla, cioè **metterla in discussione**, ma certamente nessuno riuscirà a deridere chi gode di molto credito.

Mettere in discussione non è esattamente come discutere o contestare, ma significa **sottoporre a critiche**, cioè non accettare la validità di qualcosa ma provare a trovare punti deboli.

Vuoi mettere in discussione la mia proposta?

Non voglio mettere in discussione la tua proposta ma solo provare a discuterla.

Sicuramente è difficile mettere in discussione chi gode di molto credito.

Infatti è più facile dare credito a chi gode di maggiore credito.

Volevo proprio arrivare a "dare credito" che significa **concedere fiducia.**

Si concede facilmente la propria fiducia a chi gode di **discredito**?

Evidentemente no!

La fiducia, così come il credito è una cosa che si guadagna, si conquista col tempo.

Datemi credito e non ve ne pentirete!

Non dategli credito, la sua proposta non può funzionare.

Io non darei credito a chi non ha mai dimostrato nulla finora

Chi non gode di fiducia e quindi di credito può, al contrario, godere di discredito e quindi le persone tendono a non fidarsi.

Voglio arrivare ai prossimi due verbi che sono **accordare** e **diffidare**.

La fiducia e il credito si danno, ma il verbo migliore che si può usare con la fiducia non è il verbo dare ma accordare:

Accordare fiducia in una persona

Col credito si usa invece normalmente **dare** credito.

Oppure **concedere** credito, ma in questo caso è molto più facile che si tratti di un prestito e non di fiducia.

La banca concede credito (mi presta del denaro)

I colleghi danno credito

Non dare credito a ciò che si dice in giro

Infatti, dare credito si usa non solo con le persone ma anche quando ci si fida delle voci che girano, indiscrezioni, notizie più in generale.

La fiducia si accorda alle persone, il credito si dà alle notizie.

Gira la voce che l'azienda sarà venduta, ma non so se dar credito a questa notizia

Io non le darei molto credito.

La fiducia però si può anche **riporre**.

Questo verbo, in senso figurato, si riferisce a sentimenti, speranze, e anche la fiducia ecc.,

Significa indirizzare totalmente su qualcosa o qualcuno.

Se riponiamo tutta la nostra fiducia in/su una persona, non solo gli stiamo accordando la nostra fiducia, ma c'è anche una grossa responsabilità, perché qualora le cose non andassero bene sarebbero guai.

Non è anche un caso che anche le speranze si possano riporre su una persona o su qualcosa che speriamo possa accadere.

Passiamo al prossimo verbo:

È emerso un problema di cui dovremmo parlare.

Il verbo è **emergere**.

Molto adatto per iniziare a discutere di una questione e in particolare un problema. Ad emergere sono i problemi generalmente. Oppure le opportunità o delle responsabilità.

Significa apparire chiaramente, risultare evidente:

Il problema emerso necessita di una rapida soluzione. Occorre che emergano le responsabilità di tutti.

Quando emerge un problema, chi non conosce questo verbo potrebbe usare "venir fuori" oppure semplicemente "c'è" :

È venuto fuori un problema di cui occorre discutere

C'è un problema di cui vorrei parlarvi

C'è un problema inaspettato

È arrivato un problema inaspettato

Sicuramente **emergere** è più adatto.

Sta **emergendo** l'opportunità di acquistare un'altra società

Durante la riunione sono **emerse** delle antipatie tra i partecipanti

Infine, occupiamoci di **esplicare.**

È utile negli incontri perché significa innanzitutto **spiegare**.

esplicare un concetto

Vorrei esplicare meglio ciò che vi ho appena detto

Spiegare andrebbe bene comunque, ma a volte può apparire un po' scolastico, perché si usa molto nell'insegnamento, quando si spiegano le regole da seguire ad esempio.

Esplicare è piuttosto un andare più in profondità nella spiegazione, per rendere più chiaro un concetto o una spiegazione.

Però anche spiegare può essere molto utile in un incontro perché si usa anche per esprimersi in modo chiaro e comprensibile, farsi capire:

Spiegati meglio!

Mi spiego meglio con un esempio

Mi sono spiegato?

Mi spiego?

Si usa anche "Non so se mi spiego" , per sottolineare quanto detto in precedenza.

Questo è un affare da un milione di euro, non so se mi spiego.

Il verbo spiegare, in una riunione, è molto adatto anche per "**spiegare le proprie ragioni**" cioè per spiegare il fine del tuo punto di vista, spiegare i motivi, le ragioni che ti portano a fare una affermazione o a proporre una soluzione ad un problema.

Quando si discute attorno ad un tavolo ognuno può avere la sua idea e può provare a spiegarla, ad esplicarla nei particolari. Ognuno può quindi spiegare o chiarire le proprie ragioni ed ascoltare le ragioni degli altri.

È vero che infatti spiegare le proprie ragioni è importante ma allo stesso tempo è fondamentale non limitarsi soltanto ad affermare la validità dei propri argomenti, ma anche ascoltare cosa hanno da dire gli altri.

Vediamo adesso un esempio in cui usiamo tutti i verbi di oggi.

La riunione inizia parlando di un programma di lavoro futuro e di come verrà suddiviso tra i partecipanti.

Anthony: io vorrei fare una proposta se permettete. Proporrei di formare almeno tre sottogruppi di lavoro che si occupano delle diverse attività.

Ulrike: tre sottogruppi per me va bene,

ma che ne dite di nominare un coordinatore responsabile per ogni gruppo? Se non ve la sentite di riporre la vostra fiducia ad uno dei nuovi arrivati, possiamo accordarla ai dirigenti.

Hartmut: bene, il primo gruppo potrebbe occuparsi delle vendite online. Lo so che non abbiamo ancora una piattaforma ma potremmo discuterne. Se volete potrei esplicare meglio il concetto di piattaforma.

Marcelo: Io sono pronto ad accettare tutto, ma stando a ciò che si dice, il mercato online non sta decollando nel nostro settore.

Khaled: io non darei credito a fonti poco attendibili. Non vedo poi come una modalità in più di vendita possa risultare una scelta sbagliata. Bisogna spiegare bene le proprie ragioni soprattutto in termini economici.

Mariana: facciamo una cosa allora. Potremo dibattere su questo primo punto domani mattina. Adesso possiamo passare a discutere della composizione dei vari gruppi. Anche qui potrebbero emergere problemi non semplici da risolvere.

Chris: per questo potrei provare a proporre di no fare gruppi unisex. Personalmente diffido di gruppi con tutti uomini.

Harjit: nessun problema per me. Ma le competenze di ognuno sono più importanti. Proviamo a buttare giù delle proposte di composizione sui singoli gruppi. La mia l'avevo già preparata. Prima di contestarla vorrei vedere le vostre però.

Rauno: criticare è sempre una buona cosa. Non si deve prendere la cosa come una questione personale. Tutto va messo in discussione prima di essere approvato.

In caso di problemi nello scaricare i file, scrivere a: italianosemplicemente@gmail.com

Cartella di Google Drive dove si trovano tuti i file audio: https://tinyurl.com/45ey7na5

Printed by Amazon Italia Logistica S.r.l.
Torrazza Piemonte (TO), Italy

56111950R00127